これだけは
知っておきたい

近代日本の戦争

台湾出兵から太平洋戦争まで

梅田正己著 Umeda Masaki

高文研

はじめに

明治維新から第二次世界大戦での敗戦まで、およそ八〇年の近代日本の歴史は、戦争につぐ戦争の歴史でした。本書は、その一〇にわたる戦争のそれぞれに、日本がどのようにして踏み込んでいったのかを述べたものです。

叙述に当たっては、元航空幕僚長の田母神俊雄《たもがみとしお》氏がその「論文」で展開した近代日本の戦争と植民地支配についての見解を、事実にもとづいて検証するスタイルをとりました。

田母神氏は、航空自衛隊の最高位をきわめながら、二〇〇八年10月に明らかとなったその「論文」の主張が、歴代政府の公式見解と真っ向からぶつかるものだったため、問題となり、自衛隊を退職させられました。

しかしそれにより、田母神氏は逆に〝時代の寵児《ちょうじ》〟となりました。退職後一年たらずの間に一〇冊をこえる本を出し、もちろんテレビにも出演、講演依頼は引きもきらぬ状態が続いているようです。「田母神氏の言論活動が全国各地で円滑に普及することを支援目的とした」後援会も結成されています。支持者がそれほど多く存在するということです。

といっても、田母神氏の主張の多くは、氏の独創ではありません。保守を自認する政治家や文化人によって、これまで繰り返し主張されてきたものです。

ただ、「田母神論文」の冒頭にすえられた「日本は相手国の了承を得ないで一方的に軍を進めたことはない」という主張は、あるいは氏のオリジナルかも知れません。

この主張（見解）についての検証は、じつは大変でした。台湾出兵から太平洋戦争まで、一〇あまりの戦争について、いちいち事実に当たらなくてはならなかったからです。

しかしこの作業のおかげで、近代日本が行なってきた戦争を、とくにその発端・出兵に焦点をしぼって検証することができました。

その結果、確認したのは、明治から昭和にいたる近代日本の戦争が、一つの戦争が次の戦争を生み、その戦争がまた次の戦争を引き起こすというように、鎖《くさり》状につながっていることでした。近代日本の歴史は、いわば〝戦争の鎖〟の歴史なのです。

その視点から、明治・昭和の〝分離史観〟である「司馬史観」についても、あわせて批判的検討を加えました。

本書が、事実にもとづく歴史認識構築の一個の〝煉瓦《れんが》〟となることを願ってやみません。

目次

7　第一次世界大戦での中国出兵（一九一四年）とシベリア出兵（一九一九〜二二年）

8　盧溝橋事件（一九三七年）

9　改めて「田母神説」を検証する

III　日本は植民地でこんなにいいことをした？

VI 近代日本の戦争と「司馬史観」

装丁＝商業デザインセンター・増田絵里

本書関係略年表（明＝明治・大＝大正・昭＝昭和）

一八六八（明1） 1月、鳥羽・伏見の戦い（これより戊辰戦争へ）。新政府、王政復古を各国に通告。4月、倒幕軍、江戸城入城、徳川慶喜、水戸へ退去。

一八六九（明2） 1月、薩長土肥4藩主、版籍奉還を上奏。6月、東京九段に招魂社。

一八七〇（明3） 8月、山県有朋ら欧州より帰国、軍制改革に着手。

一八七一（明4） 7月、廃藩置県。日清修好条規に調印。10月、岩倉使節団、米国・欧州へ出発。11月、台湾での沖縄・宮古島民54名殺害事件起こる。

一八七二（明5） 8月、学制公布。9月、琉球国を廃し琉球藩に。11月、徴兵制に着手。

一八七四（明7） 5月、台湾出兵。10月、清国と互換条款調印（償金50万両）。

一八七五（明8） 9月、江華島事件。

一八七六（明9） 2月、日朝修好条規に調印。3月、帯刀禁止令。

一八七七（明10） 2月、西南戦争始まる（9月、西郷自刃）。

一八七九（明12） 4月、琉球処分（琉球藩を廃し沖縄県を設置）。

一八八二（明15） 1月、「軍人勅諭」発布。7月、朝鮮で壬午軍乱。8月、済物浦条約調印。

一八八四（明17） 10月、秩父事件起こる。12月、朝鮮で甲申事変。

一八八九（明22） 2月、大日本帝国憲法発布。

一八九〇（明23） 7月、第一回総選挙。10月、教育勅語発布。

一八九四（明27） 7月23日、朝鮮王宮占領、25日、豊島沖海戦、日清戦争突入。

一八九五（明28） 4月、日清講和条約調印。5月、三国干渉により遼東半島を返還。10月、日本公

一九〇〇（明33）
使の指揮で朝鮮王妃を惨殺。10月、台湾のほぼ全土を制圧。
6月、義和団、北京の公使館区域攻撃開始、清朝政府、列国に対し宣戦布告。
8月、日本軍、連合軍と共に北京入城。翌〇一年9月、北京議定書締結。

一九〇二（明35）
1月、日英同盟、ロンドンで調印。

一九〇四（明27）
2月10日、仁川で露艦2隻を撃破、10日、日露宣戦布告。23日、日韓議定書調印。
5月、第一軍、鴨緑江渡河、第二軍、遼東半島上陸。8月、第一次日韓協約。

一九〇五（明38）
8月、日露講和条約調印。11月、第二次日韓協約（外交権を奪う）。

一九〇七（明40）
6月、第二回ハーグ国際平和会議に韓国皇帝、密使を派遣。7月、皇帝、譲位。
第三次日韓協約調印（韓国軍隊解散）。義兵運動、全土に広がる。

一九〇九（明42）
10月、韓国統監・伊藤博文、安重根によりハルビンで暗殺される。

一九一〇（明43）
5月、大逆事件（検挙開始）。8月、韓国併合。

一九一一（明44）
10月、中国で辛亥革命。清朝が倒れ、アジアで最初の共和国生まれる。

一九一四（大3）
7月、第一次世界大戦勃発。8月、日本、対ドイツ宣戦布告。9月、ドイツ権益
下の中国・山東半島を攻撃。10月、日本海軍、ドイツ領南洋諸島占領。

一九一五（大4）
1月、日本、中国政府へ21カ条要求提出。

一九一七（大6）
11月、ロシア社会主義革命。

一九一八（大7）
8月、シベリア出兵開始。米騒動起こる。11月、第一次大戦終結。

一九一九（大8）
3月、韓国で三・一独立運動。5月、中国で五・四運動起こる。

一九二二（大11）
2月、ワシントン海軍軍縮会議。10月、日本、シベリア出兵撤退完了。

一九二五（大14）
3月、治安維持法成立、普通選挙法成立。同月、孫文、北京で死去。

一九二七（昭2）
5月、第一次山東出兵（翌年4、5月、第二、三次出兵）。

一九二八（昭3）　6月、張作霖、関東軍の謀略により爆殺される。8月、パリ不戦条約（ケロッグ＝ブリアン不戦条約）調印。

一九二九（昭4）　10月、ニューヨーク株式市場大暴落、世界大恐慌へ。

一九三〇（昭5）　1月、ロンドン海軍軍縮会議。

一九三一（昭6）　9月、関東軍、柳条湖の満鉄線路爆破、満州事変を引き起こす。

一九三二（昭7）　3月1日、「満州国」建国宣言。5月15日、海軍将校ら首相官邸などを襲撃、犬養首相を暗殺（5・15事件）。10月、リットン調査団、日本に報告書を通達。

一九三三（昭8）　1月、ドイツにヒトラー内閣成立。3月、日本、国際連盟を脱退。

一九三五（昭10）　7月、コミンテルン、反ファシズム人民戦線の構築を打ち出す。日本軍の指導の下、「第二の満州国」づくりを目的に、11月、「冀東防共自治委員会」が、12月、「冀察政務委員会」が成立。

一九三六（昭11）　2月、陸軍皇道派の将校ら、政府要人、新聞社等を襲撃、高橋蔵相らを暗殺（2・26事件）。6月、フランスに人民戦線内閣成立。7月、スペイン内乱勃発。10月、独伊外相会談でベルリン・ローマ枢軸結成。11月、日独防共協定調印。12月、西安事件（張学良による蒋介石拘禁）。

一九三七（昭12）　4月、独空軍、ゲルニカ爆撃。7月7日、盧溝橋事件。8月、上海で日中戦闘開始。日本海軍、南京空爆開始。12月、南京占領、大虐殺事件。

一九三八（昭13）　4月、国家総動員法公布。9月、英仏独伊、ミュンヘン会談。12月、日本軍、重慶無差別爆撃開始。

一九三九（昭14）　5月、ノモンハン事件（日ソ両軍交戦、日本軍大敗北をきっする）。8月、独ソ不可侵条約調印。

一九四〇（昭15）

9月1日、独軍、ポーランド侵攻、第二次世界大戦突入。英仏、対独宣戦布告。

1月、日米通商航海条約失効。3月、南京に（日本の傀儡）汪精衛の「中華民国国民政府」成立。5月、オランダ、独に降伏、英軍、ダンケルク撤退開始。6月、独軍、パリ占領。7月、米国、石油・屑鉄の対日輸出禁止。政府・軍、武力行使を含む南進政策を決定。8月、八路軍、「百団大戦」で日本軍を総攻撃。9月、日本軍、北部仏印に進駐。日独伊三国同盟調印。10月、大政翼賛会発会。

一九四一（昭16）

1月、東条陸相、「戦陣訓」を発表。3月、米国、武器貸与法制定。4月、日ソ中立条約調印。6月、独軍、不可侵条約を破り、ソ連侵攻。7月、御前会議、「帝国国策要綱」決定。同月、関東軍特種演習（関特演）実施。同月、日本軍、南部仏印進駐。8月、米国、石油の対日輸出を全面禁止。同月、ルーズベルト米大統領とチャーチル英首相、大西洋憲章を発表。9月、御前会議、「帝国国策遂行要領」を決定。10月、東条内閣成立。12月8日、日本陸軍、マレー半島奇襲上陸、日本海軍、ハワイ真珠湾奇襲攻撃。対米英宣戦布告。

一九四五（昭20）

3月10日、東京大空襲。6月23日、米軍、沖縄を完全占領。8月6、9日、原爆投下。8月9日、ソ連、対日宣戦、満州・朝鮮北部へ侵攻。8月14日、日本政府、連合国のポツダム宣言を受諾。8月15日、天皇、「終戦の詔勅」をラジオ放送。

I 「田母神論文」問題のてんまつ

「田母神《たもがみ》論文」の主張

人の発言は、必ずしもその正しさや深さで評価されるわけではありません。多くは発言者の地位や役職で、その重さが量《はか》られます。

高い公職にあり、重い責任を負っている人物が、国（政府）の見解と真っ向から対立する発言を行なった場合は、もちろん大問題となります。

二〇〇八年10月末にその内容が明らかとなった、航空自衛隊のトップにあった田母神俊雄・航空幕僚長の「論文」がその例でした。

マンションやホテル経営を全国展開している企業「アパグループ」が募集した「真の近現代史観」をテーマとする懸賞論文で、田母神氏が最優秀賞（賞金三百万円）を獲得、その内容が10月31日にわかったのです。

論文のタイトルは「日本は侵略国家であったのか」といいます。反語的表現だから、内容は当然、それを否定しているのです。田母神氏の主張をストレートに述べた文章をひろってみましょう。

①「日本は十九世紀の後半以降、朝鮮半島や中国大陸に軍を進めることになるが相手国の了承

を得ないで一方的に軍を進めたことはない」

②「我が国は蒋介石《しょうかいせき》により日中戦争に引きずり込まれた被害者なのである」

③「我が国は満州も朝鮮半島も台湾も日本本土と同じように開発しようとした。……我が国は他国との比較で言えば極めて穏健な植民地統治をしたのである」

④「日本はルーズベルトの仕掛けた罠《わな》にはまり真珠湾攻撃を決行することに」なった。

⑤「大東亜戦争の後、多くのアジア、アフリカ諸国が白人国家の支配から解放されることになった。……もし日本があの時大東亜戦争を戦わなければ、現在のような人種平等の世界が来るのがあと百年、二百年遅れていたかもしれない」

要するに、日中戦争も、太平洋戦争も、日本は相手国に引きずり込まれて突入したもので、日本は被害者だ、というのです。しかも、日本が戦ったその戦争によって、アジア、アフリカ諸国の解放が早まったのだ、といっています。また植民地支配についても、日本は本土と同様に開発をすすめたし、植民地の人々の生活も格段によくなった、と主張しています。

真っ向から否定された政府の公式見解

しかしこのような主張は、日本政府の公式の見解とは正面から対立します。日本政府の植民地支配と「昭和の戦争」についての見解は、第二次世界大戦の終結から五〇年たった一九九五年8月15日、当時の村山富市《とみいち》首相が発表した「戦後50周年の終戦記念日にあたって」の声明にまとまった形で述べられています。

ちなみにこの声明は、「村山談話」と呼ばれています。村山首相自身が冒頭で「総理大臣としての談話を述べさせていただく」といっているからですが、外務省の公式英訳では「ステートメント」となっています。つまり「声明」です。じっさい、内容の重さから見ても、言葉づかいから見ても、「談話」の軽さはありません。正しく「村山声明」と呼ぶべきだと思います。

その核心部分を引用しましょう（全文は外務省ＨＰ〈http://www.mofa.go.jp/mofaj/press/danwa/07/dmu_0815.html〉参照）。

わが国は、遠くない過去の一時期、国策を誤り、戦争への道を歩んで国民を存亡の危機に陥《おとしい》れ、植民地支配と侵略によって、多くの国々、とりわけアジア諸国の人々に対して多大の損害と苦痛を与えました。私は、未来に過《あやま》ち無からしめんとするが故《ゆえ》に、疑うべくもないこの歴史の事実を謙虚に受け止め、ここにあらためて痛切な反省の意を表し、心からのお詫びの気持ちを表明いたします。

一読してわかるように、日本が行なった植民地支配と侵略戦争についてはっきりと否定すべき歴史の事実ととらえ、それに対する責任を認めて、「痛切な反省の意」と「心からのお詫びの気持ち」を表明しています。そしてこの「村山声明」に表明された見解は、その後も近年の小泉内閣から安倍内閣、福田内閣、麻生内閣、そして鳩山内閣まで、首相みずからが確認する形で一貫して受け継がれてきています。

たとえば、〇九年八月一五日の戦没者追悼祈念式典での麻生首相の式辞です。こう述べています。

先の大戦では……我が国は、多くの国々、とりわけアジア諸国の人々に対して多大の損害と苦痛を与えました。国民を代表して、深い反省とともに、犠牲となられた方々に、謹んで哀悼の意を表します。

繰り返しますが、「村山声明」はたまたま首相となった「社会党出身」の村山氏の個人的な意見表明ではないのです。自民党政府にも受け継がれてきた、植民地支配と「昭和の戦争」についての日本政府の公式見解なのです。

ところが、この公式の政府見解に対し、首相が「最高の指揮監督権を有する」（自衛隊法７条）はずの武装集団の航空部門を統括する人物が、それを真っ向から否定する意見を公表したのです。

棚上げになった「処分」

論文の内容を知って、時の浜田防衛大臣はさすがに驚愕しました。そこで処分の検討を始めたのですが、現行の制度では簡単に処分できないことがわかったため、航空幕僚副長が田母神幕僚長のところに行き、辞表を提出してもらえないかと持ちかけたのです。

しかし幕僚長は、辞表は出さないとはねつけました。そこで次に、懲戒処分の審理に入った場合、その審理を辞退してもらえないかと頼みました。つまり、審理を抜きに結果だけを受け入れてほしいと頼んだわけです。しかし、これも拒否。幕僚長は、その際は規則違反の正当性について徹底的に議論する、と答えたのです。

当時、国会は衆参の議席数で与野党のねじれ状態になっているなか、政府は「百年に一度」の大不況を前に頭をかかえている。しかも麻生太郎首相は、いったんは衆院解散の決意を公言したものの、情勢はわれに利あらずと見て引き延ばしにかかっていました。そんなせめぎあいの中で、さらにこんな「論文」問題をかかえ込み、国会で野党の追及を受ける羽目になってはかないません。この問題は、できるだけ穏便に、しかも素早く片付ける必要があったのです。

そこで防衛省が考えた苦肉の策が、「定年退職」での幕引きでした。つまり、まず10月31日付けで田母神氏の航空幕僚長の職を解任し、航空幕僚監部付とする。幕僚長の定年は満六二歳ですが、幕僚監部付の定年は満六〇歳です。田母神氏はすでに六〇歳となっている。そこでただちに定年オーバーとなって、11月3日付けで勤務延長期限の繰上げにより退職、としたわけです。

こうして、政府の高官、それも武装集団を率いるトップの地位にありながら、近隣諸国との関係で最もナーバスな問題について、公然と政府の公式見解に挑戦した田母神氏は、何の処分も受けることなく、一般サラリーマンの三倍から四倍に当たる高額の退職金を受け取って防衛省を去ったのでした。

「タモちゃん現象」

更迭《こうてつ》され、退職させられたのだから、普通なら悄然となるはずです。しかし田母神氏の場合は逆でした。

まずテレビへの登場。各局のテレビに出演、胸を張って自説を述べ立てました。外国特派員協会でも講演しました。

あわせて、次々と著書を出版します。問題発生からわずか一年くらいの間に、半分は共著、しかも対談、座談が含まれるとはいえ、一〇冊以上の著作を出版したというケースは、これまでに例がなかったのではないでしょうか。

この異常としかいえないブームは、朝日新聞（09年5月3日付）によると、業界で「タモちゃん現象」と呼ばれているといいます。参考までに書名と出版社、発行年月を紹介すると、次の通りです。

『自らの身は顧みず』（ＷＡＣ　08年12月）
『日本は「侵略国家」ではない！』（渡部昇一氏との共著　海竜社　08年12月）
『田母神塾――これが誇りある日本の教科書だ』（双葉社　09年2月）
『自衛隊はどこまで強いのか』（潮匡人氏との共著　講談社「＋α新書」09年3月）
『この身、死すとも「これだけは言いたい」』（長谷川慶太郎氏との共著　李白社　09年4月）
『国防論』（松島悠佐・川村純彦・勝谷誠彦氏との共著　アスコム　09年4月）
『真・防衛論』（宝島社　09年5月）
『座して平和は守れず』（幻冬舎　09年5月）
『自衛隊風雲録』（飛鳥新社　09年5月）
『田母神流ブレない生き方』（主婦と生活社　09年7月）
『サルでもわかる日本核武装論』（飛鳥新社　09年8月）

このような旺盛な出版活動にも増してさらに精力的に展開したのが講演活動です。前出の朝日の記事によると、「更迭されてから半年。講演は１００回を超え、『予定は来年2月までぎっしり』

（田母神事務所）という人気ぶりだ」といいます。

この〝人気〟の秘密は何なのか。政府の公式見解を正面から否定して退職させられた自衛隊の高官が、なんでこうもてはやされるのか。その要因、背景を解き明かすことは今日のこの国の精神状況を知る上できわめて重要な課題だと思いますが、そのためにも田母神氏が日本の近現代史についてどんなことを主張しているのか、つまり「田母神史観」とはどういうものか、正面から向き合って検討してみることが必要です。

そこで以下、本書では、問題の論文に即して、歴史の事実にもとづいて検証してゆくことにします。

Ⅱ 日本は相手国の了承を得ないで一方的に軍を進めたことはない、というのは本当か？

歴史家は「田母神論文」を一蹴したが

「田母神論文」は歴史学者からはほとんど相手にされていません。論証ぬきの断定が多く、しかもその断定が一方的で偏《かたよ》っているからです。たとえば田母神氏がその「論文」で二度も書名を挙げている『盧溝橋事件の研究』（東京大学出版会）の著者である近代史家の秦郁彦《はたいくひこ》氏は、やはり軍事史にくわしい作家の保阪正康氏との対談でこう一蹴しています（『朝日新聞』08年11月11日付「検証・前空幕長論文」）。

——「論文というより感想文に近いが、全体として稚拙と評せざるを得ない。結論はさておき、その根拠となる事実関係が誤認だらけで、論理性も無い」

また保阪氏も、「我が国は侵略国家ではなかった」という田母神説に対して、こう苦々しく述べています。

——「論文に書かれている事実はいずれも核心ではない。一部を取り出して恣意的につなぎ合わせるだけでは一面的だ。戦後、史実を実証的に積み重ね、一連の戦争を検証してきた。（田母神）論文は『60年』という時間を侮辱している」

歴史家はこう評するのですが、一般の人々の反応がそうでないのは、「タモちゃん現象」に見るとおりです。

どうしてこういうことになるのか。そこには恐らくナショナリズム（愛国心）の問題が深くからんでいるはずですが、「田母神論文」が取り上げ論じているのは歴史事実の問題であり、その真偽・虚実を検証することがまず第一に必要かつ重要だと思いますので、そこからできるだけ丁寧に見てゆくことにします。

「高校日本史教科書」では答えられない田母神氏の主張

「田母神論文」の冒頭に出てくるのが、本章のタイトルにみる主張です。こういう風に書き出されています（傍線は引用者）。

アメリカ合衆国は日米安全保障条約により日本国内に駐留している。これをアメリカによる日本侵略とは言わない。二国間で合意された条約に基づいているからである。我が国は戦前中国大陸や朝鮮半島を侵略したと言われるが、実は日本軍のこれらに対する駐留も条約に基づいたものであることは意外に知られていない。

なかなか巧みな導入です。日清戦争や日露戦争についてひと通りの知識を持っている人でも、「日本軍の駐留を認めた条約」といわれると、立ち止まって考え込むだろうからです。

じっさい、台湾出兵や江華島事件はおくとして、近代日本の最初の本格的な対外戦争である日清戦争についても、日本軍の出兵の法的根拠についてはまったく触れられていません。たとえば、ずっと以前から総採択部数の六割を占めるという圧倒的なシェアーを誇る山川出版社の『詳説 日本史B』の記述はこうです。

《一八九四（明治27）年、朝鮮で東学の信徒を中心に減税と排日を要求する農民の反乱（甲午農民戦争、東学の乱）がおこると、清国は朝鮮政府の要請を受けて出兵するとともに、天津条約に従ってこれを日本に通知し、日本もこれに対抗して出兵した。》

清国の出兵が「朝鮮政府の要請を受けて」のものだということはこれでわかります。しかし、日本の出兵については「これに対抗して」と書かれているだけです。「天津条約」が出てきますが、これはこの教科書でもすぐ前にあるとおり「今後、同国（注・朝鮮）に出兵する場合には、たがいに事前通告すること」を決めているにすぎません。

日清戦争は日本と清国（中国）との戦争ですが、陸戦も海戦も朝鮮において開始されました。朝鮮はいわば第三国です。その当事国でない外国に、戦争を目的に――しかしまだ戦争を始めてもいない段階で――いかなる名目で出兵していったのか、教科書には書かれていないのです。

もう一例、日清戦争の一〇年後に日露戦争が起こりますが、その際のこの教科書の記述もきわめてあっさりしたものです。

《日本とロシアの交渉は一九〇四（明治37）年初めに決裂し、同年2月、両国はたがいに

宣戦を布告し、日露戦争がはじまった。》

開戦で、日本軍がまっすぐロシアに向かったのなら、出兵の根拠を書く必要はないでしょう。しかし、このときも日本軍の大兵力はまず朝鮮に上陸し、そこから戦場となる中国へ向かうのです。では、日本はどういう根拠で第三国である朝鮮に出兵したのか、この記述ではまったくわかりません。

高校の教科書でもこの通りですから、高校時代に一年間かけて日本史を勉強した人でも、ほとんどの人が「日本軍出兵の法的根拠」について考えてみたこともなかったでしょう。

そんな人々の虚を衝いた上で、田母神氏は標題のように「日本は相手国の了承を得ないで一方的に軍を進めたことはない」と言い切り、つづいて次のように断定するのです。

現在の中国政府から「日本の侵略」を執拗に追及されるが、我が国は日清戦争、日露戦争などによって国際法上合法的に中国大陸に権益を得て、これを守るために条約等に基づいて軍を配置したのである。

本当にそうなのでしょうか。日清戦争で日本軍が朝鮮半島に出兵したのも、北京郊外に六千人近い日本軍が駐屯し、夜間攻撃の演習をやって盧溝橋事件を引き起こしたのも、「相手国」が「了承」した上でのことだったのでしょうか。

以下、近代国家への道を踏み出して以降、日本が行なった出兵、駐兵について検討します。

1　台湾出兵（一八七四年）

琉球漂着民殺害事件

近代日本の最初の対外出兵は、その名にも出兵とある「台湾出兵」です。明治新政府が発足してからわずか六年、一八七四（明治7）年5月のことでした。西郷隆盛の実弟、西郷従道《つぐみち》が総司令官となり三千六百人あまりの兵力を率いて台湾に攻め込んだのです。

この台湾への出兵は、はたして田母神氏の言うとおり「相手国の了承を得て」「条約等に基づいて」行なわれたものだったのでしょうか。

明治新政府によるこの台湾出兵の第一の目的とされたのは、台湾原住民に対する「報復」でした。一八七一（明治4）年11月、まだ琉球王国が存在した当時、宮古島から首里王府への年貢を積んで沖縄本島へ行った船（六九人乗組み）が、年貢を納めて那覇から島へ戻る途中、暴風にあって流され、台湾の最南端、現在の恒春《こうしゅん》半島に漂着します。上陸のさいに三人が溺死しましたが、

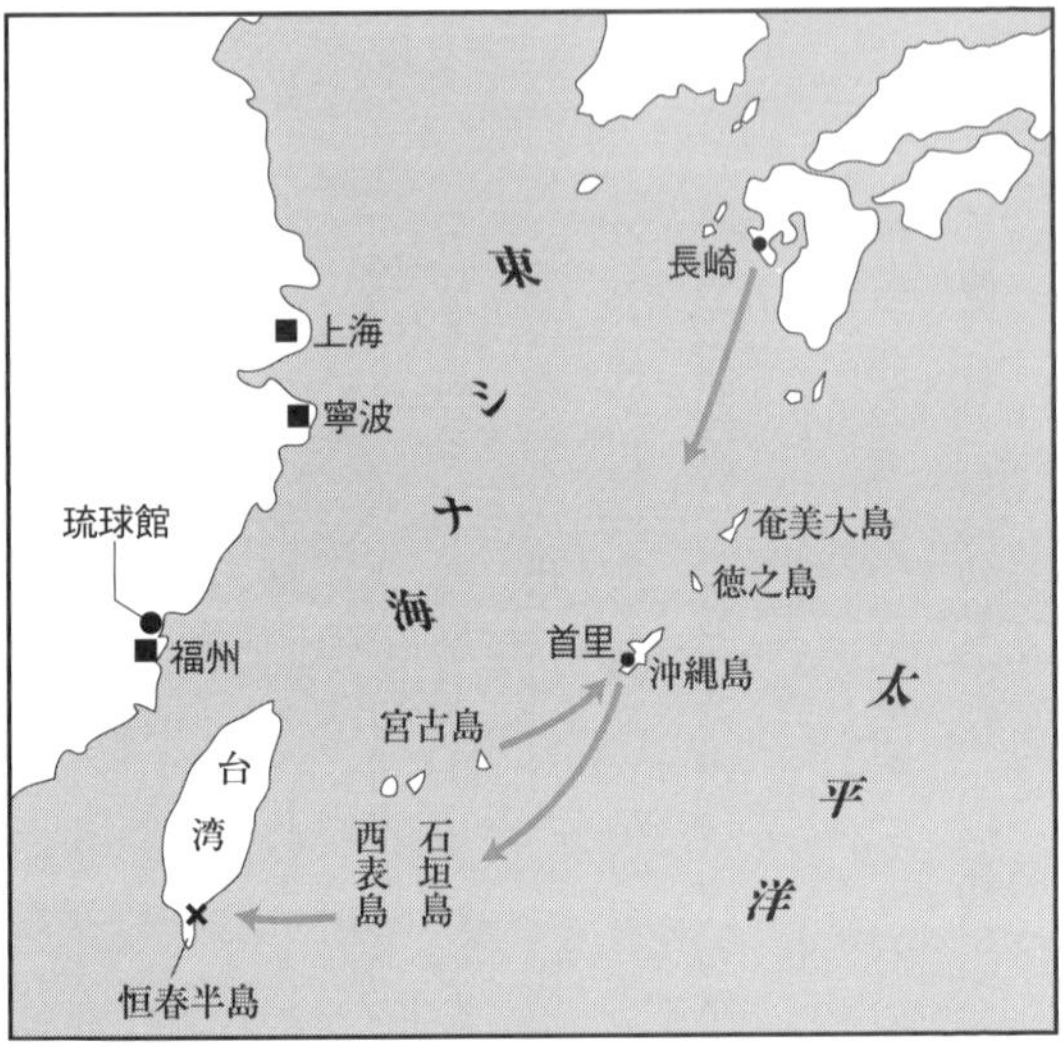

六六人は上陸しました。ところがそのうち五四人が原住民に殺害されるのです。

その一帯に住む原住民はパイワン族（部族名、牡丹社《ぼたんしゃ》）といいます。二〇〇三年、朝日新聞台北特派員だった田村宏嗣《ひろつぐ》氏の現地取材によると、牡丹郷で郷長（町長）を務めたバジルク・マバリウさんは伝えられてきた事件のいきさつをこう話したそうです。

「先住民は疲れ切った琉球の漂着民をイモ汁でもてなしたが、言葉も通じずに逃げ出した。その後、先住民に見つかった琉球人は結局は敵とみなされて次々に首を切られた」

この話は、事件当時一三歳だった祖父から母に伝えられ、その母から「一族の口伝《くでん》」として聞いたものだといいます（『朝日新聞』03年4月12日付）。

かろうじて生き延びた残りの一二名は漢族の有力者に救助され、台湾海峡の対岸、福州にある琉球館に送り届けられ、翌年6月には琉球からの船で那覇に戻りました。事件は、台湾では部族の名前から「牡丹社事件」と呼ばれています。

なお、帆船で風をたよりに航海に出た時代、こうした台湾への漂着事件は清《しん》の時代を通じて七

○件以上も発生しており、原住民に殺害される事件も数回起こっています。そのためその処理の仕方も中国と琉球国の間で定められており、この時の事件も前例に従って処理され、琉球側から礼状が送られて一件落着していたのでした（赤嶺守「王国の消滅と沖縄の近代」、『琉球・沖縄史の世界』吉川弘文館、所収）。それなのにこれが、明治新政府に取り上げられて大問題となるのです。だいたい、事件が起こったのは一八七一年11月、出兵したのは七四年5月です。この間二年半もたっています。どうしてそうなったのか。まず当時の琉球と台湾、それぞれの国際的な位置関係が微妙であいまいだったこと、それに日本新政府の野心と政府内の派閥抗争、さらに清国の弱体化にともなう優柔不断がからみあって事態は複雑になったのです。

当時の琉球と台湾

まず琉球王国の位置づけです。一四世紀に成立した「琉球王国」は、その最盛期、北は日本や朝鮮から南はマラッカまで、広大なネットワークを張りめぐらして交易を行なっていました。琉球史ではコロンブスやマゼランらが活躍した「大航海時代」を模して「大交易時代」と呼んでいます。そのネットワークの中心にあったのが、中国との進貢《しんこう》—冊封《さくほう》関係でした（沖縄では「朝貢」を「進貢」と通称しています）。

進貢（朝貢）制度とは、中国の皇帝に貢物《みつぎもの》を献上（進貢）して臣従を誓う見返りとして、冊封、つまり王としての地位を認証・保証してもらうという制度です。
この制度は、周辺小国の王にとっては、権威を保証してもらうと同時に、進貢（朝貢）のお返しとして先進国・中国の物産を入手できるという利得がありました。この進貢貿易をフルに活用することで、琉球の大交易時代は成立したのです。琉球に最も近い福州には、先にふれたように琉球館が設置さ

中国皇帝から下賜された「琉球国王之印」

れていました。
一六〇三年、日本を統一して江戸に幕府を開いた徳川家康は中国（当時は明国《みん》）との貿易を望みます。かつて足利義満がそうしたように、冊封関係を結ぶこともいといません。しかし中国は拒否しました。秀吉が明国《みん》への侵攻を目標に大軍をもって朝鮮に攻め込んだのはついこの間のこと（一五九二、九七年）なのに、冊封関係を結ぶなど、明国にとってみれば論外だったでしょう。
そこで幕府は、すでに明国と長い冊封関係をもつ琉球王国に仲介を依頼します。しかし琉球はそれに応じませんでした。
その結果一六〇九年、幕府の了解の下、薩摩藩は三千の兵を百隻の船にのせて琉球に攻め込むのです。以後、在番奉行を置いて琉球を実質支配するとともに進貢貿易もその管理下におくのですが、王国の枠組みと体裁はそのまま残します。というのも、もし王国が薩摩藩に滅ぼされたこ

とが中国に知られれば、進貢貿易はただちに断たれることが見えていたからです。

こうして琉球は、実質的には日本（薩摩藩）の支配下にありながら、中国から見れば進貢―冊封関係を結んだ独立国という立場に置かれました。いわゆる「日中両属」です。

一方、台湾はどうだったでしょうか。漢族がやってくるずっと前から、台湾にはいくつもの種族からなる原住民が住んでいました。一七世紀に入ると、そこへオランダ、スペインがやってきて城を築いたりしますが、一六六一年、清国に滅ぼされた明国の遺臣、鄭成功《ていせいこう》が二万五千の水軍を率いて到来、オランダを駆逐してこの地を清朝と戦う根拠地とします。以後、台湾の開拓がすすみ、漢族の住民が増えていきますが、一六八三年、鄭氏の一族は降伏、台湾は清国の支配下に入ることになりました。

その後、清国の統治下で漢族移民の数は増えつづけ、一八九三年の時点で二五五万人、耕地面積も七五万町歩に広がり、行政区画としては対岸の福建省に所属して、一府三県で構成されていました（戴国煇『台湾』岩波新書）。未整備ではあっても、台湾が清国の統治機構の中に組み込まれていたことに違いはないのです。

「無主の地」の「化外《かがい》の民」

先に述べたように、七一年11月に起こった漂着民の殺害事件は、清国と琉球の間でとくに問題なく処理されました。ところがそれから約五カ月たった七二年4月、日清修好条規の改定交渉のため中国に滞在していた外務省高官が、清国の官報にこの事件が報告されているのを見つけ、東京に通報するのです。以後、陸軍の樺山資紀《かばやますけのり》（のち、日清戦争後に初代の台湾総督となる）はじめ薩摩閥の人物を中心に台湾出兵が画策されていきます。

しかし、近代化に踏み出したばかりの新政府は、外国の視線を気にしないわけにはいきません。外務卿の副島種臣《そえじまたねおみ》は駐日米国公使のデ・ロングに会って意見を聞きます。するとデ・ロングは、台湾の原住民の居住する地域は清国の実効支配がとどかない、国際法上の「無主《むしゅ》の地」だから、先に取ったものが領有権を得る、と言ったというのです（赤嶺氏、前掲論文）。

「無主」とは、持ち主が無いという意味です。でも、そこには何百年、あるいは何千年も前から原住民が住んでいました。だからこそ、事件が起こったのです。しかし、「未開」の原住民の土地所有権は認めない。これが、勝手放題にアジア、アフリカを分割して分け合った当時のヨーロッパが作った「国際法」でした。この見解は一八八四年から五年にかけての列強の会議で、先に手をつけた国が「実効ある占領」さえやっておれば自国の領土にできる「先占《せんせん》」の法理として「公認」されます。

この「国際法」に、日本もあやかって出兵しようというのです。目的は二つでした。一つはあわよくば台湾の一部を略取すること、もう一つは「琉球人民」殺害に対する「日本国」による報復という事実を示すことで、中国側に琉球は日本に属することを認めさせる、ということです。

しかし台湾は、先に述べたとおり、福建省の一部として清国が領有しているところです。清国が日本の出兵を容認できるはずはありません。では、琉球民の殺害をどうしてくれるのか——。

これに対し、清国側はこう突っぱねるのです。台湾原住民には、王化に服した「熟蕃《じゅくばん》」と、いまだ服属しない「生蕃《せいばん》」とがいる。今回漂着民を殺害したのはこの「生蕃」で、これらは清国政府の管理の及ばない、王化、教化の外にいる「化外《かがい》の民」であるから、政府としては責任がもてない、と。

これを聞いて、日本側は内心ほくそえみます。そちらが手を下さないなら、こちらがやるしかない、と言えるからです。日本はいよいよ出兵の準備にかかることになります。

近代日本最初の対外武力行使の方針

この後、維新の新政府を構成する薩摩、長州、土佐、肥前の藩閥の間に生じた征韓論にからむ抗争で、外務卿の副島を含め西郷隆盛、板垣退助ら大臣の半数が下野《げや》するという「明治六年の政変」が起こりますが、その翌一八七四年2月、内務卿の大久保利通と大蔵卿の大隈重信は閣議に対し連名で「台湾蕃地処分要略」九カ条を提出します。

新内閣の最大実力者二人による連名の方針提案ですから、当然閣議決定されます。ここに、近代日本は対外武力行使への第一歩を踏み出すのです。そのことを、毛利敏彦氏は著書『台湾出兵』

（中公新書）でこう述べています。
「この『要略』第一条は、明治維新で発足した近代日本国家による最初の海外への武力行使方針の決定であり、その意味で歴史的な重要文書である」
では、この歴史的な「要略」第一条にはどのように書かれていたのでしょうか。難解な漢字をかなにし、句読点、濁点を加えて紹介します。傍線は筆者です。

第一条　台湾土蕃の部落は清国政府政権およばざるの地にして、その証《あかし》は従来清国刊行の書籍にも著《いちじる》しく、ことに昨年、前参議副島種臣使清の節、彼の朝官吏の答えにも判然たれば、無主の地と見なすべきの道理備われり。ついては我藩属たる琉球人民の殺害せられしを報復すべきは日本帝国政府の義務にして、討蕃の公理もここに大基《たいき》を得べし。然《しか》して処分に至りては、着実に討蕃撫《ぶ》民の役を遂《と》ぐるを主《しゅ》とし、その件につき清国より一、二の議論生じ来るを客《かく》とすべし。

前半は、清国側が口にした「化外の民」にデ・ロングの説を重ね合わせて、台湾を「無主の地」と規定しています。そこで、日本に属する（「我藩属たる」については後述）琉球人民が殺害された、その仇《かたき》を討つのは、日本政府の義務であり、ここに討蕃（原住民討伐）の大義名分が立つというのです。そしてその実行に当たっては、討蕃し、かつおとなしく従わせる（撫は「撫でる」）

のが第一目的（主）で、清国が何か言ってきてもそれは二の次（客）でよい、と言い切っています。

こうして、新政府成立からわずか七年、「近代日本国家による最初の海外への武力行使」が決定されたのです。

ところで、右の文中の「我藩属たる琉球人民」の問題です。

琉球漂着民殺害の翌年（一八七二＝明治5年）9月、政府は琉球王国を廃して「琉球藩」とし、「国王」を「藩王」と改称させました。加えて薩摩藩の出先機関だった「在番奉行所」を廃止し、代わって「外務省出張所」を開設するのです。

新政府による廃藩置県が決行されたのは一八七一（明治4）年7月のことです。ところが琉球に関しては、その一年後に新たに「藩」を設置したのです。どうしてこんな措置をとったのか。

もちろん対清国の問題です。琉球王国は一四世紀以来、中国と五百年にもわたって進貢―冊封関係（宗主国と属邦の関係＝宗属《そうぞく》関係）を結んできました。その関係を第三国である日本が一方的に断ち切って自国の領域に組み込んでしまえば、当然、宗主国を自認する清国との間に大問題が発生することになります。

また、琉球王国の内部、とくに王家の家臣である士族たちの中には、中国の文化にしたしんだ親中国の人々が数多くいました。日本政府による一方的かつ突然の中国との断絶は、その士族たちからの少なからぬ抵抗を呼び起こすはずです（実際、琉球処分後に長く抵抗が続きます）。

そこで、廃藩置県の「県」として日本の行政機構の中に完全に組み込む前の過渡的措置として、

「王国」を廃して「藩」としたのです。

この「藩」は、新たな中央集権の行政機構の一単位である「県」に比べ、江戸時代には「くに」と呼ばれたように一定の独立性を保持していますが、でも、日本を構成する一部には違いありません。したがって「藩」となった琉球は日本の一部ということになり、その人民も日本の人民ということになるわけです。そこで先の「要略」中の「我藩属たる琉球人民の殺害」は、すなわち「我が日本人民の殺害」ということになり、したがってその仇を討つのは日本政府の「義務」だということになるわけです。

出兵強行と牡丹社征服

「要略」が閣議決定されると、直ちに実行の準備に着手します。「台湾蕃地処分」のための事務局「蕃地事務局」が設立され、大隈重信が長官に、西郷従道が都督（遠征軍総司令官）に任命されました。一八七四年4月のことです。

この「蕃地事務局」は英語では「Colonization Office」、つまり「植民地建設事務局」と称されていたといいます（赤嶺氏、前掲論文）。台湾の一部を略取して「植民地」にするのだという意思がストレートに示されています。

遠征の準備がすすめられる中、駐日イギリス公使パークスがこの台湾遠征を清国側は知っているのかと追及してきます。イギリスは、もし日清間に戦争が起きれば自国資本の経済活動に支障が生じかねないと案じていたのです。パークスの呼びかけで駐日アメリカ公使ビンガム（デ・ロングの後任）も、清国側の了解が得られない限り、この遠征は認められないと通告してきました（毛利氏、前掲書）。

しかしこうした反対を押し切って、5月中旬、西郷司令官に率いられ、熊本鎮台兵を主力とし、それに鹿児島士族の志願兵を加えた三六五〇人からなる遠征軍が長崎を出航していきます。

台湾現地に上陸した日本軍は、まず周辺の「熟蕃」の部族に対する「撫民《ぶみん》」工作をすすめた上で、いよいよ牡丹社に襲いかかります。これに対し、牡丹社は険しい山地に拠《よ》ってゲリラ戦で応戦しますが、近代兵器を装備した日本軍に勝てるはずはなく、6月初旬に屈服します。

この戦争での日本軍の戦死者は一二名、負傷者は一七名ですみました。ところがこの後、とんでもない災厄が遠征軍を襲います。マラリアの蔓延です。牡丹社を征服した後、西郷司令官は東京に報告します。「これより……将士を養い、漸《ようや》く山野を墾《ひら》き、もってその良報を得べし」。いよいよ植民地開拓（拓殖）に取りかかりたい、というわけです。そのため、牡丹社を討って「琉球人民」の報復を果たした後も、日本軍は現地一帯の占領を続けたのです。

出兵をめぐる日清の交渉

清国には、日本軍の出兵はもちろんわかっていました。清国皇帝は、日本の出兵は一八七一（明治4）年7月に締結した日清修好条規違反だから即時撤兵を要求せよ、応じないときは武力をもって迫れ、と命令を下します。

しかし現実には、落日期の清国にその力はありませんでした。皇帝の命を受け、清国政府は一万人以上の軍を台湾に派遣したにもかかわらず、また日本軍は、出兵から三カ月後には「マラリア大流行、各（兵）舎ことごとく病院同様」（参軍・谷干城《たにたてき》の報告）の惨状を呈していたにもかかわらず、日本軍攻撃に踏み切らなかったのです。

こうして、日本の台湾出兵問題についての処理は日清間の外交交渉にゆだねられることになりました。8月に入り、「台湾蕃地処分要略」を決めた実力者、大久保利通が対清交渉の全権大使となって、中国に向かいます。随員の中にはお雇いフランス人法律家ボワソナードの姿もありました。

しかし交渉は難航しました。互いに言い分を主張するばかりで膠着《こうちゃく》状態におちいってしまいます。10月下旬、七回もの交渉を重ねて半歩の前進もなく、ついに大久保が、もう帰る、と投げ出したとき、仲介に乗り出してくれたのが、駐清イギリス公使のウェードでした。清国にはすでに二百社以上のイギリス商社が活動しており、日清が戦争を始めては大いに困るからだというのが、ウェードが挙げた仲介の理由でした。

10月末、ウェードは日清両国の交渉団の間を精力的に往復し、次のような調停案をまとめあげて双方に受諾させました。
一、今回の日本の出兵は「日本国属民」の保護のための「義挙」であることを清国は認める。
二、清国は遭難者への撫恤銀《ぶじゅつぎん》（慰謝料）として一〇万両《テール》を日本政府に支払う。また清国は日本軍が現地に設置した道路や建物を有償で譲り受け、日本軍は12月20日までに撤兵する。
三、「生蕃」については今後再び「兇事」を起こさぬよう清国が取り締まる。
こうして日清間の交渉は妥結しましたが、マラリアに襲われた遠征軍は悲惨でした。全軍三六五〇人のうち、病死者は実に五六〇人にも及んだのです。

断ち切られた琉球の「日中両属」

では、この妥結結果は日本にとってはどうだったのでしょうか。大久保以下、出兵を決め、実行したものたちには〝一勝一敗〟だったといえます。

台湾の植民地化には失敗しました。しかし琉球の日本所属は清国側に認めさせたからです。協定の第一項で、遭難した宮古島の住民は「日本国属民」と認められ、さらに第二項で清国政府から慰謝料が日本政府に支払われました。琉球藩民は「日本人民」であり、日本政府の管理下にあることが二重に認められたのです。

なお、牡丹社を屈服させ、清国との交渉を始める直前、七四年7月、政府は那覇に設置していた「外務省出張所」を「内務省出張所」に変更しました。つまり、それまで「外国」として外務省の管轄下に置いていた琉球藩を、「国内」の一地方として内務省の管轄下に置いたのです。

つづいて翌七五年3月、琉球藩の進貢使が清国に向かったのを聞きつけた政府は、5月、琉球藩に対し、進貢使の派遣と清の皇帝からの冊封の禁止、福州の琉球館の閉鎖などを命じます。

そしてその四年後の一八七九（明治12）年4月、政府は琉球藩を廃して「沖縄県」を設置します。「琉球処分」です。処分官・松田道之は警官隊と軍隊を引き連れて首里城を接収、藩王・尚《しょう》泰《たい》が退去した後には熊本鎮台沖縄分遣隊が入りました。ここに、一六〇九年の薩摩藩の琉球侵略以来二七〇年にわたる琉球の「日中両属」状態は完全に終了させられたのです。

以上の事実経過に見るとおり、明治新政府による台湾出兵は、これまで長く「日中両属」というあいまいな状態にあった琉球王国を、完全に日本の版図《はんと》に組み込むという政治的ねらいをもった出兵でした。

五百年にわたって中国と宗属関係を保ってきた琉球には、中国の文化が深く浸透していました。今も豚肉を中心とする食生活や先祖の墓前で一族が会食する清明節《シーミー》など、沖縄には中国文化の名残が息づいています。その中国との歴史的関係を力ずくで断ち切って日本の新政権の下に組み入れることが、台湾出兵の目的だったのです。そしてその目的は完全に果たされました。

ただし、その目的はあくまで領土拡大という政治的意図にもとづくものであり、同じ日本語圏に住むといった同胞意識から生み出されたものではありません。そのことは、「琉球処分」の翌年に早くも証明されます。

「琉球処分」の翌一八八〇（明治13）年、日清修好条規の改定交渉が始まります。そのとき日本側（井上馨外務卿）が清国に対して持ちかけた条件が、日本が中国内陸地で通商するのを認めてもらえるなら、沖縄県の宮古島、石垣島等からなる先島《さきしま》諸島を中国に割譲する、というものだったのです。

「分島問題」と呼ばれるこの問題は結局、双方の合意が得られずに消えますが、つい一年前には「我藩属たる琉球人民」、つまり「日本人民」と言い、その殺害に対する報復は「日本帝国政府の義務」だと高言していた政府が、こんどは自国（本土）商人の活動領域拡大のためにはその「日本人民」を売りとばす、と言い出したのです。明治新政府が琉球（沖縄）をどう見ていたか、ましてや先島諸島に住む人々をどう見ていたか、この一事が明瞭に語っています。要するに宮古島漂着民の受難は、琉球王国と清国の絆《きずな》を断ち切り、琉球を日本の版図に組み入れるために政治的に利用されたに過ぎなかったのです。

近代日本最初の対外武力行使、そして最初の植民地獲得戦争

さて、結論です。

台湾出兵ははたして、田母神氏のいう「二国間で合意された条約に基づいて」行なわれた出兵

だったでしょうか。

あるいはまた「国際法上合法的に権益を得て」行なわれた出兵だったでしょうか。

答えは言うまでもありません。原住民のパイワン族（牡丹社）はゲリラ戦で応戦したし、領有権を主張する清国は撤兵を求めて一万以上の軍を派遣し、駐日イギリス公使やアメリカ公使からは派兵の不法を追及されたのです。明治新政府のとった行動には、「合意」や「合法」など、その影すらちらつきません。

＊

台湾出兵は、近代日本が行なった最初の対外武力行使でした。

同時に、近代日本最初の植民地獲得戦争でもありました。新政府の樹立からわずか七年、近代国家の骨格もまだととのわず、近代化の道を踏み出したばかりの日本が、早くも植民地獲得に乗り出していたのです。

この目論見は、マラリアという思わぬ伏兵のために挫折しますが、二〇年後には日清戦争の勝利（一八九五年）によって最初の植民地・台湾を獲得します。

2　江華島事件（一八七五年）

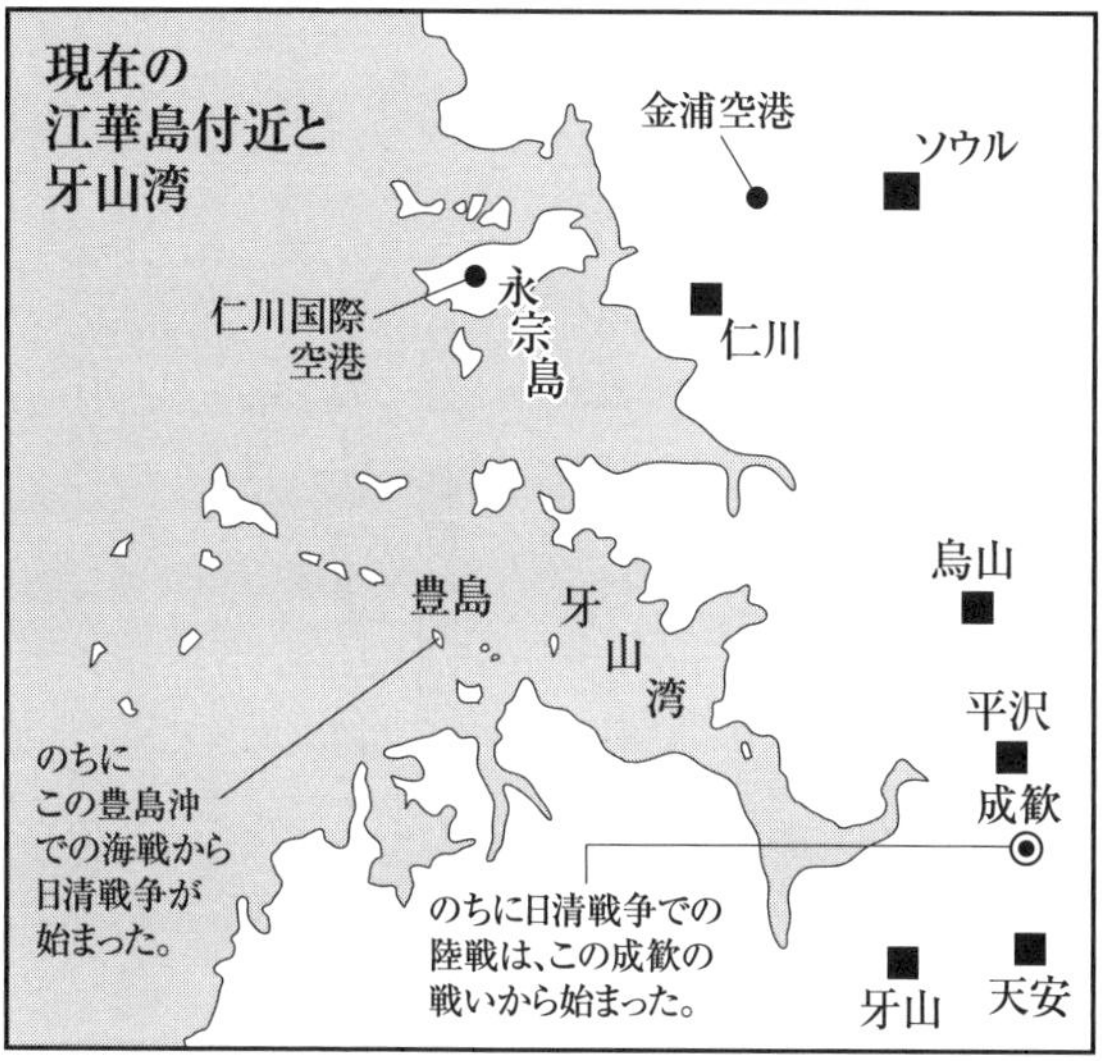

教科書では脚注あつかい

台湾出兵の翌年、一八七五（明治8）年、日本は早くも二度目の武力行使（戦争）を行ないます。軍艦「雲揚《うんよう》」が朝鮮の首都ソウルの海からの玄関口を守る江華島の砲台と交戦した江華島事件です。

この近代日本としては二度目、朝鮮に対しては一回目の武力行使となる江華島事件の名はよく知られています。しかしその割には、実態はあまり知られていないのではないでしょうか。たとえば高校日本史の教科書で最も採用率の高い山川出版社の『詳説　日本史』

（09年3月発行）でもこう書かれているだけです。

（筆者注――一八七三年、西郷や板垣が征韓論で敗れて下野した）そののち一八七五（明治8）年の江華島事件を機に日本は朝鮮にせまって、翌一八七六年に日朝修好条規（江華条約）を結び、朝鮮を開国させた。

本文はこれだけ。事件についてはひと言の説明も無く、脚注でこう解説されています。

③　海路測量の任にあった日本の軍艦雲揚が首都漢城近くの江華島で朝鮮を挑発して戦闘に発展した事件。日朝修好条規は、釜山ほか2港（仁川、元山）をひらかせ、日本の領事裁判権や関税免除を認めさせるなどの不平等条約であった。

江華島事件については、わずか五〇字たらずの説明です。

他の教科書ではどうでしょうか。先の山川出版社の教科書と同様総ページ数四百ページの三省堂の『日本史B（改訂版）』（09年3月再版発行）ではこう書かれています。

（筆者注――大久保が権力をにぎった後）さっそく政府は、朝鮮に対し、一八七五年、首都の漢城近くの江華島に軍艦を派遣して挑発し、江華島事件を引きおこし、翌一八七六年に不平等条約である日朝修好条規（江華条約）をむすばせた。

本文にはやはり事件の記述はなく、脚注でこう説明されています。

③　日本の軍艦雲揚号が、首都漢城につうじる漢江河口の江華島付近で挑発行為を行ない、朝鮮守備軍から砲撃され交戦した事件。

こちらの方が若干長く六〇字たらずで、戦闘の発端・経過については、前者が「海路測量の任にあった」軍艦がたまたま行なった「挑発」が「発展」したものというニュアンスなのに対し、後者は日本政府が「軍艦を派遣して」「挑発行為を行ない」と、日本側から仕掛けたものだということを明確に書いています。

しかし、近代日本の二回目の武力行使が脚注あつかいであることに変わりはありません。

「飲料水を求めていた」という「公式報告書」

ところで、今みた教科書では、江華島事件は日本軍艦「雲揚」による「挑発」から引き起こされたと書かれていました。

しかし日本でずっと解説され、信じられてきたのは、飲料水を求めて上陸しようとしたところ朝鮮軍側から銃撃されたためやむなく応戦し、戦闘になったという「飲料水」説でした。

この説は、事件を引き起こした当の軍艦「雲揚」の艦長で海軍少佐の井上良馨《よしか》が作成した公式報告書にもとづくものです。

以下、その報告書の内容を、ごく簡略に紹介します。


朝鮮半島の西海岸から中国・遼東半島の北側の付け根まで、航路研究の命を受けて航海を続けていたが、途中で飲み水が不足することがわかったので、上陸して水を補給することにした。

しかし、なにぶん初めての航海なので水深もわからず、どこに軍艦をつけてよいのかわからない。ただ、江華島の付近だけは手元の海図に水深が書かれていたので、そのあたりに艦をつけることにした。

翌日、江華島に近づき、飲み水を求めて陸に上がろうとボートを出したところ、突然砲台から銃撃されたので、やむなく応戦し、それから軍艦と砲台との砲撃戦となった。互いに大砲を撃ちあい「交撃弾丸乱飛」となったが、朝鮮軍の大砲は飛距離が不足してこちらには届かず、わが方の砲弾は正確に命中して砲台を粉砕した。

その後、わが方の海兵水夫二二名がボートで上陸、進撃のラッパを「激吹《げきすい》」して城砦《じょうさい》に突撃、これを占領した。この戦闘での敵の死者は三五名、捕虜が一六名、あとの四、五百名は逃走した。わが方は水夫二名が負傷しただけであった（後に一名死亡）。

この後、城内から大砲、銃剣、槍、旗章、軍服、兵書、楽器などを分捕《ぶんど》り、それを「雲揚」まで捕虜に運ばせた。その後、彼らに食糧を与えて放免、最後に「城中放火、尽《ことごと》く灰燼《かいじん》」とした後、「樹木繁茂せし一孤島」を見つけてそこで「清水」を「積水」することができた。

「公式報告書」には概略以上のように書かれています。「飲み水を求めて」「やむをえず応戦」というのがこの報告書の眼目ですが、それにしては後半の記述はたんなる「防戦」の域を超えています。なにしろ四、五百人もの朝鮮兵を駆逐して城砦を占領すると、大量の戦利品を分捕った上、最後は火を放って焼き尽くすのです。

これはもはや「戦争」としか呼べません。そして事実、井上艦長自身もこれは「戦争」だと認識し、部下にもそう呼びかけているのです。

実は三日間にわたった「戦争」だった

事件が起こったのは一八七五年9月20日、この「公式報告書」が提出されたのは10月8日ですが、実はこの九日前、9月29日に同じ井上艦長の手で書かれ、政府に提出された報告書がありました。近年、先に紹介した山川出版社『詳説　日本史』の著者一二名の中の一人でもある鈴木淳東京大学准教授によって『史学雑誌』二〇〇二年一二月号誌上で史料紹介された報告書です（原文は防衛省防衛研究所戦史部図書館所蔵）。

この新たに見つけられた報告書をもとに、江華島事件をめぐる事実と虚構のすりかえを明らかにした論考を含む本が、〇七年5月に出版されました。中塚明著『現代日本の歴史認識』（高文研）です。実は私はこの本の編集実務を担当したものですが、以下、この中塚先生（奈良女子大学名誉教授）の著作に依拠して江華島事件とは本当はどういうものであったかを紹介したいと思います。井上良馨の原文や、事態の詳細な分析・解説については、ぜひこの中塚先生の著作をご覧ください。

先に概要を紹介した報告書にくらべ、その九日前、軍艦が長崎港に帰港してすぐに提出された最初の報告書は、分量が二倍もあり、したがって記述が詳細であることは別にして、決定的に異なる点が二つあります。一つは「飲み水を求めて」という砲台に接近した唯一の理由が、最初の報告書では影も形も無いこと、いま一つは一日の戦闘として記述されていたのが実は三日間にわたる戦闘だったということです。

以下、その最初の報告書を抜粋・要約して紹介します。

まず初日の９月20日、軍艦は沖に錨を下ろし、江華島に向けボートを出した。砲台の位置や航路の様子など偵察を続けながら第三の砲台に近づき、その前を通過しようとしたところ、砲台から突然、激しい砲撃を受けた。小銃で応戦したが、大砲には太刀打ちできず、軍艦に引きあげた。

翌21日、午前八時、艦長は全員を甲板に整列させ、檣《ますと》に国旗を掲げてこう訓示した（傍線は筆者、以下同）。

「そもそも本日戦争を起こす所由は……昨日わが端舟《はしぶね》（ボート）を出して計測をしている時、第三砲台より一応の尋問もなくみだりに発砲してきて大いに困却した。このまま捨て置くときは御国の国辱となり、かつ軍艦の職務を欠くことになる。よって本日、あの砲台に向けてその罪を攻めることとする。一同、それぞれの職務に従って、国威を落とさないよう勉励し……」

これから「戦争を起こす」のだと宣言し、全員の奮起をうながしたのである。その後、第三砲台の沖と砲台とで砲撃を交わすが、朝鮮軍の大砲は飛距離が足りない上に一発の砲弾を込めるのに数十分もかかるので問題にならない。反対にこちらは弾丸二七発を撃ち、敵に損害を与えた。上陸して陸戦をかけようとも考えたが、なにぶん遠浅で泥が深いのであきらめ、攻撃をやめた。

以上は午前中の交戦、午後は第二砲台に行って上陸、そこを焼き払った。

翌22日、いよいよ第一砲台（現在、仁川《インチョン》空港のある永宗島の城砦《じょうさい》です）の攻撃に向かった。六時過ぎ「戦争用意をなし」「各砲に榴弾《りゅうだん》を装填《そうてん》し」いっせいに砲撃を開始するが、向こうからは一発も撃ち返してこない。ただ城砦の中にたくさんの兵がいるのが見えた。そこでボート二艘を出して上陸、城壁を乗り越え、城門を破って中に突入した。その後の有様は「発砲しつつ鯨声（＝鯨波《げいは》。ときの声）を発し、進撃の喇叭《らっぱ》を吹かせ、三面より攻撃するをもって終《つい》に守りを捨てて逃走するもの数百人（このとき城中の人員はおよそ五百人）。」

その逃げてゆく様は、あるいは躓《つまず》き、あるいは転倒し、豚の仔を散らしたようで、皆殺しは簡単だったが、かわいそうなので見逃した——。

と優越感まるだしで井上艦長は勝ち誇って書いています。

そしてこの後は、敵の戦死者三五名、捕虜一六名で、武器その他を分捕った、と「公式報告書」とほぼ重なりますが、ただ一点、軍艦に戻って、夜、酒宴を開き、分捕ってきた楽器を奏で、おのおの「愉快を尽し」たことは「公式報告書」にはありません。

以上みたように、この最初の報告書には「飲み水を求めて」という記述はまったく出てきません。「戦争」を終えた二日後、「午前呑水を積み」と書いてあるだけです。

では、最初の報告書にはなかった「飲み水を求めて」が、なんで「公式報告書」では前面に置かれることになったのでしょう。

報告書はなぜ書きかえられたのか

中塚先生の先の論考で、「井上元帥談話要領」という記録が紹介されています。薩摩藩出身の井上良馨・海軍少佐はのちに元帥にまで昇進したのです。談話が収録されたのは事件から四九年がたった一九二四（大正13）年で、紹介されているのは「江華島事件の真相」についての談話です。

井上元帥はこう語っています。

長崎に帰ってきて電報で最初の報告書を送ったところ、政府の要人たちは大いに驚かれ、自分は東京に呼ばれたが、同時に海軍大臣から手紙が来て、東京に入る前に横浜で内密に会いたい、それまでは誰にも何も言うな、と言ってきた。

横浜で大臣に会うと、大臣は、今度の問題がたいへん面倒なことになっている、だいたい陸から三カイリ離れておれば公海になるが、三カイリの内側、しかも砲台の前を流れる川の中に入り込んで三日も居ったということになれば、他国の領海に入って戦争をしたということになり、国際法上許されざることになるという議論も出ている、という話だった。

そこで自分は、三カイリ内が領海だということは万々《ばんばん》承知している、しかし国際公法では炭水（燃料の石炭や飲み水）が欠乏したときは臨時にどこの港湾に入っても差し支えないことが認められている、自分も飲み水を探しに行ったのだから、別段悪いところはないと考える、と主張した。

この談話では、領海に入ったことが問題になると指摘されて、井上が即座にその場で反論したことになっています。しかし新たに「公式報告書」が書かれるまでに九日間が経過しているところから推測すると、政府内でいろいろと議論があり、その中には強気の意見もあったかも知れませんが、結局は外国の視線をかわすために、井上も納得して「飲み水」説にもとづく「公式報告書」が書かれ、それを江華島事件に関する日本政府の公式見解としたものと思われます。そしてそれが「定説」として長い間語られてきたのです。

自ら仕掛けた「違法」の武力行使

さて、では、この江華島事件での武力行使は、田母神氏の言う「相手国の了承を得た」行為、あるいは「国際法上合法的」と認められた行為だったのでしょうか。

これも、答えは言うまでもありません。

日本政府は長いあいだ真実を隠し、「飲み水」説を流布《るふ》させてきましたが、今では教科書でも日本側から「挑発して」引き起こした戦闘だと書いています。

また、この武力行使が国際法上「不法行為」だということは当時の日本政府もよく知っており、それを隠蔽するために「飲み水」説とすりかえたのだということは、事件当事者の井上元帥の談話で見たばかりです。

ただ、この「飲み水」説へのすりかえについては近年明らかになったことですから、田母神氏が知らなかったとしても無理はありません。しかし、自衛隊の高官、つまり軍事の専門家として「日本は相手国の了承を得ないで一方的に軍を進めたことはない」と公《おおやけ》に断言するのなら、せめて高校教科書で近代日本の対外武力行使についてどう書いているかくらいは確かめておくべきだったでしょう。

近代日本の朝鮮・韓国に対するたび重なる武力行使は、軍艦による「挑発」から始まったのです。

3　日清戦争での朝鮮出兵（一八九四年）

次の日本軍の出兵は、日清戦争での朝鮮出兵です。先の台湾出兵や江華島事件とはスケールのちがう、近代日本の初めての本格的な対外戦争のための出兵となります。

この日清戦争は、中国（清国）との戦争でしたが、戦争の原因となったのは朝鮮に対する支配権であり、戦闘そのものも朝鮮で始まりました。朝鮮で始まり、そのあと戦場は北上して中国へ移ってゆくのです。

では、この日清戦争での日本軍の朝鮮出兵は、いかなる根拠、いかなる大義名分にもとづいての出兵だったのでしょうか。

兵士たちの反乱・壬午《じんご》軍乱

このことを見てゆくには、時間を少々さかのぼらなくてはなりません。

幕末の日本では黒船到来を前にして、幕府を中心とする開国派と、その幕府を倒そうとする尊皇攘夷派の対立・抗争がありましたが、朝鮮でも同じように攘夷派（守旧派）と開化派の対立がありました。攘夷派は国王・高宗《コジョン》の実父である大院君《テウォングン》の派閥であり、開化派に当たるのが王妃を支える閔《ミン》氏の一族でした。

一八七三年、それまで政権の座にあってきびしい鎖国政策をとっていた大院君に代わり、閔氏の一族が政権をにぎると、日本の圧力に屈してではありましたが開国・開化へと向かいます。

前述の江華島事件の翌一八七六（明治９）年、日本は黒田清隆が全権大使となり、六隻の艦船に数百の兵員を乗せて江華島に乗り込み、日朝修好条規の締結を強要します。釜山《プサン》、仁川《インチョン》、元《ウォン》山《サン》の三港の開港と自由貿易、そこでの居留地の設定と領事裁判権の承認、輸出入品への関税はすべて免除にする、そしてなんと日本の通貨の流通を認めさせるなど、日本が外国と結ばされた条約を上まわる不平等条約でした。

このように強要されての開国でしたが、それでも鎖国からの転換の一歩を踏み出した朝鮮は、近代化へと向かいます。

一八八一年、外交、通商、軍事などの各部門を統括する政府の枠組みをつくるとともに、日本と中国に視察団や留学生を派遣します。軍制の改革にも手をつけ、両班《ヤンバン》（特権身分）の子弟八〇名あまりからなる洋式の「別技軍」を編制、日本公使館付き武官の将校を招いて訓練に当たらせました。ところが、これが引き金となって大騒乱が起こるのです。

翌八二年、朝鮮政府はアメリカ、イギリス、ドイツなどとも不平等条約を結び、開国の門を広げていきます。このうちとくに日本との関係が民衆の不安・不満をつのらせました。というのも、日本との通商が始まると、朝鮮産の米が大量に日本へ流出することになり、その結果の米不足によって米価が高騰、民衆の生活を圧迫するということがあったからです。

この年7月19日、既存の旧式軍の兵士たちに対し、これまでとどこおっていた給料としての現物給与の米がやっと支給されましたが、それには下級役人の不正によって砂や石が混入されていました。洋式軍の特別扱いに対して積もり積もっていた兵士たちの不満が、これによって爆発します。

憤激して決起した兵士たちに一部民衆も加わった反乱軍は、大院君にけしかけられ、王宮を襲って閔氏一族の重臣を殺害するとともに日本公使館に押しかけました。朝鮮での最初の反日行動です。公使館では少数の武官と警官で防戦しましたが、とうてい防ぎきれないと見て、夜半、自ら公使館に火を放ち、花房義質《はなぶさよしもと》公使以下、仁川に脱出します。そこでも兵士らに襲われましたが、運よく停泊していたイギリス船に救われ、日本に戻ったのでした。

以上の兵士たちを中心とする反乱を、その年の干支《えと》（みずのえ・うま）から「壬午《じんご》軍乱」と呼びます。これにより大院君が再び政権の座につきますが、まもなくやってきた清国軍に捕らえられ、翌8月下旬、天津《てんしん》に連れ去られたため、閔氏の一族が政権に復帰しました。

済物浦条約での日本の「駐兵権」

日本に帰った花房公使は、すぐにまた軍艦四隻と陸軍部隊一大隊を率いて朝鮮に戻ります。全権大使として、謝罪と賠償、通商面での権益のいっそうの拡大を求めて交渉をするためです。8月12日のことで、このときはまだ大院君が政権をとっていました。

8月20日、花房全権大使は日本軍を王宮前の広場に駐屯させたまま、国王に要求書を突きつけます。

ところがちょうど同じ日、清国の軍が朝鮮に到着したのです。日本軍の一大隊、約一千人をはるかに上回る三千の兵力です。大院君は日本の要求書を突き返すとともに、清国軍にソウルへの入城を要請しました。

一大隊と三千人とでは勝負になりません。それに、明治一五年のこのときは、日本にはまだ清国と戦う準備はできていません。国内では自由民権運動が燃えさかっています。そこで花房全権は、過大な要求は取り下げ、清国の調停で朝鮮との条約に調印したのです。

この条約が「済物浦《チェムルポ》（日本語読み・さいもっぽ）条約」です。済物浦とは仁川の別名で、仁川で調印された条約ということです。

条約は六カ条からなり、公使館を襲撃した「兇徒」の逮捕と日本への謝罪および賠償金の支払いを決めたほか、最も重要な事項として次の第五条を定めていました（読点、濁点、送りがなを補足、傍線は筆者）。

第五　日本公使館は、兵員若干を置き警衛する事。兵営を設置修繕するは、朝鮮国之《これ》に任ず。若《も》し朝鮮国の兵民律を守る一年の後、日本公使に於いて警備を要せずと認むるときは撤兵するも差し支えなし。

念のため、現代語で言い換えますと――日本公使館は、警備のため兵員「若干《じゃっかん》」を駐屯させる。その駐屯のための兵営の設置と修繕は朝鮮国が責任を持つ。しかし、もしもその後一年間、朝鮮国の兵や民衆が法律を守って何ごともなく、もはや警備の必要はないと認めたときは撤兵しても差し支えない、というのです。

現在、日本政府は日本に駐留する米軍のために「思いやり予算」なるものを使ってマンションや一戸建てなどたくさんの住宅を建設・提供しています。これと同じように、朝鮮政府は駐留する日本兵のための兵営を提供せよ、というのです。ただし、その兵員の数は、現在の在日米軍が三万数千人なのに対して「若干」名、しかも一年たって何ごともなかったら引き揚げる、といっているのです。

外国軍隊の駐留を認めることは不愉快ですが、反乱兵士たちが公使館を襲撃したのは事実ですし、朝鮮側の負担もそう大変ではないでしょうから、この条項のもつ意味はこの時点ではたいしたことには見えません。ところがこのたいしたことに見えなかった条項が、後になって物を言うのです。

東学《とうがく》農民戦争と朝鮮から清国への出兵要請

済物浦条約の調印から一二年がたった一八九四年、朝鮮の西南部で国を揺るがす農民蜂起が起こります。不正官吏の腐敗・圧政に対する抵抗でした。この年の干支《えと》（きのえ・うま）から甲午《こうご》農民戦争、あるいは「人すなわち天」を標榜する思想・東学に導かれたことから東学農民戦争と呼ばれます（以下、東学農民軍と日本軍出兵については朴宗根《パクジョングン》氏の『日清戦争と朝鮮』青木書店によります）。

この東学農民たちは、これまでの農民反乱とは異質の組織力と戦闘力をそなえていました。規律も厳格で、糧食の略奪は絶対に許さず、物を買い求めたときはその場できちんと代金を払い、もし婦女暴行をはたらいたことがわかれば、ただちにとらえて全員の前で処分したといいます。また富者に対してはその金や穀物を奪い、貧者に分け与えました。何か、日中戦争時代の中国の紅軍（八路軍）の規律を思わせます。

これに対し、政府軍の方は、軍律が乱れ、戦闘意欲も希薄でした。というのも、先に紹介したように兵士に対する待遇が悪すぎたからです。戦場へ向かわせても、逃亡するものが後を絶ちませんでした。

そんなわけですから、戦いの行方は明らかでした。九四年5月末、農民軍は全羅道《チョルラド》の道都・全州《チョンジュ》を占領します。全州は、李王朝の王家の出身地です。その「聖地」を奪われて驚愕した政府は、ソウル駐在の清国代表からもすすめられ、清国に援軍を要請します。6月初めのことです。それを受け、清国は兵員二八〇〇名を派遣することを決め、6月6日、日本にそのことを通告します。九年前に日清間で締結した「天津《てんしん》条約」で、朝鮮に出兵するときは、互いに文書でもって通知する（行文《こうぶん》知照する）と約束していたからです。

日本もただちに四千人を出兵

しかしその通告を受け取る四日も前の6月2日、日本政府はすでに朝鮮への出兵を閣議決定していました。陸奥宗光《むつむねみつ》外務大臣が提案し、伊藤博文総理大臣が参謀本部を交えて決定、天皇の裁可を得てその日のうちに派兵を決めたのです。派兵の「目的」は「在朝鮮の公使館および国民を保護するため」であり、その〝法的根拠〟としたのが、先述の済物浦条約第五条でした。

6月5日、早くも大本営（天皇直属の戦争指導本部）を設置、同じ日、たまたま休暇で帰国中だった大鳥圭介公使は軍艦「八重山」で海兵隊約五百名、警官二〇名とともにソウルに向かいます。

陸軍では出兵準備に時間がかかるので急きょ海兵隊にしたのです。

この大島公使の一隊が出航した翌日、清国軍が朝鮮との国境に近い山海関《さんかいかん》を出発するという知らせが入り、日本は歩兵約一千名を先発隊として送り出し、つづいて本隊二七〇〇名を出発させます。

そのさい、日本もまた天津条約にもとづき清国政府に出兵を通告します。これに対し、清国は当然、抗議してきました。日清戦争の後、陸奥外相はこの戦争をめぐる日本外交の全容を述べた回想録『蹇蹇録《けんけんろく》』を執筆します（現在は岩波文庫に収録）。その中で陸奥は、このときの清国の抗議についてこう紹介しています。

――清国は朝鮮からの要請に応じて出兵した。それに対し「日本政府派兵の理由は、（済物浦条約に従い）公使館、領事館および商民を保護す」るためというのだから、「必ずしも多数の軍隊を派出する」必要はないし、また朝鮮政府から派兵を依頼されたわけでもないのだから、朝鮮国内に入り込んで人民を驚かさないでもらいたい。

しかしこれに対し、日本政府はこう突っぱねます。

――「今回我が政府が朝鮮に軍隊を派出するは済物浦条約上の権利にこれ依り、またこれを派出するについては天津条約に照準して行文知照した」のだから、軍隊の数が多い少ないとか、進退をどうするかについて、清国政府からとやかく言われる筋合いはない。

どちらの言い分が理にかなっているか、小学生にもわかるでしょう。しかし日本はこのリクツにならないリクツで一歩も譲らなかったのです。

さて、最初の大鳥公使の一隊は9日に仁川に到着、翌10日ソウルに入り、つづく先発隊一千名は12日、本隊は15日に仁川に到着します。こうしてソウルや仁川などの要地が四千をこえる日本軍によって制圧されたのです。

一方、仁川には、日本常備艦隊の旗艦「松島」ほか軍艦六隻が集結、清国海軍との開戦を待ち受けていました。日本軍は、陸軍、海軍ともに早くも臨戦態勢に突入していたのです。

こうした日本軍の動きから危険を察知した東学農民軍の指導者は、政府との戦いを至急収束させようとします。政府もこれに応じます。国内の紛争につけ込まれ、外国軍に介入されて、国を荒らされた上に国そのものを失うことになってはおしまいだからです。

6月11日、農民軍と政府との間に「全州和約」が成立します。先述の日本陸軍の先発隊一千名が仁川に到着する前日です。

国内の争いが収まり、紛争状態がなくなった以上、もはや外国からの介入の理由も必要もなくなりました。しかし日本軍は、撤兵はおろか「派兵」を続行したのです。

これより先、大鳥公使が海兵隊とともにやってくるのを知った朝鮮政府は、日本の代理公使に対し、厳重に抗議しました。清国には出兵の要請をしたけれど、日本にはしていないからです。

大鳥公使がソウルに戻ってからも、朝鮮政府は抗議をつづけました。

出兵の目的が「公使館と国民を保護するため」というが、ソウルは平穏であるし、各国の公使館も危険を感じていない。さらに農民軍との和約も成立した。日本軍が大挙して駐留する理由はどこにもない――。

それに対して大鳥公使は、日本軍は「済物浦条約の第五条」によって「兵員若干」はいつでも出兵できるし、派兵が必要かどうかもこちらで判断することだから、朝鮮政府からとやかく言われる筋合いはない、と答えにならない答えを返しています。

一国の公使として、このように理屈の通らない受け答えをするのは、さぞ苦しかったろうと思われます。しかし陸奥外相からは、「いかなる口実を用うるもわが兵を京城《けいじょう》（ソウル）に留め置くこと最も必要なり」という指示が下されたのでした。

日本軍の武力行使の始まりは朝鮮王宮の占領

日本政府のただ一つの目的は、紛争の収束によって出番を失ったまま、ソウル南方の牙山《アサン》に駐留していた清国軍を攻撃して戦争に突入することでした。なにしろ、すでに大本営を設置して臨戦の構えをとっているのです。後は、清国をどんな口実で戦争に引きずり込むかだけが問題でした。

そのため、朝鮮の政治を日清両国で改革していこうという「共同改革」の提案をはじめ、いろいろと画策しますが、イギリスほか各国の監視もあってうまくいきません。

結局、極秘のうちに綿密な作戦計画を立てた上で、王宮に攻め込んで占領し、国王をとりこにして、国王より日本に対し、清国軍を朝鮮から排除してもらいたいという依頼状を提出させることにしたのです（詳しくは中塚明『歴史の偽造をただす——戦史から消された日本軍の「朝鮮王宮占領」』高文研を参照）。

王宮占領は7月23日の未明でした。これが、日清戦争での日本軍の最初の武力行使となります。二日後の25日、牙山沖（豊島沖《ブンド》）の海戦（四七ページ地図参照）から日清両軍の戦闘が始まり、陸戦の戦場は平壌をへて中国東北に移り、翌年2月の日本軍による清国北洋艦隊の根拠地・威海衛の占領、それに続く北洋艦隊の降伏をもって日清戦争は終わります。

その結果、下関条約によって、清国は「朝鮮国が完全無欠な独立自主の国であることを確認」し、したがって今後は「朝鮮国より清国に対する貢献典礼等は全く廃止する」、つまりこれまでの宗属関係を断《た》って完全に朝鮮から手を引くこととし、あわせて台湾、澎湖《ほうこ》諸島を日本に割譲するとともに莫大な賠償金を支払うことになったのでした。

「庇《ひさし》を借りて母屋《おもや》を乗っ取る」手法

以上の経過からわかるとおり、日清戦争は朝鮮から清国（中国）の影を追い払おうという日本政府の意図にもとづいて、日本側から仕掛けたものです。その発端は、日本軍の大量出兵であり、その「法的根拠」とされたのが「済物浦条約の第五条」でした。

では、この出兵は、田母神氏のいう「相手国の了承にもとづいて」あるいは「条約にもとづいて」のものだったでしょうか。

たしかに「条約」はありました。しかしその済物浦条約で認められていたのは「公使館の警衛」のための「兵員若干」です。「若干」は常識からすれば数十人、多くても百人から二百人程度でしょう。ところが日本は、その「若干」を根拠に四千人を超える軍を送り込んだのです。

「庇を借りて母屋を乗っ取る」ということわざがあります。

庇とは軒《のき》のことです。雨が降ってきたので、ちょっと軒下を借りますよと言って、どうぞという返事をもらい、そのうちに何だかだと言いながら座敷に上がりこんでいき、ついにその家《うち》の本体を乗っ取ってしまう、そういう詐欺的強盗行為のことを言います。

「兵員若干」という約束だったのに、それを勝手に何十倍も拡大解釈して大兵力を送り込み、戦争に持ち込んでいったのも、これと同じ国家が行なった詐欺的強盗行為と言わざるを得ないでしょう。

4　義和団戦争での中国出兵（一九〇〇年）

日清戦争（一八九四―五年）の次、一〇年をおいて日本は日露戦争（一九〇四―五年）に突入します。それで普通は、日清・日露とセットにして言うのですが、そのちょうど中間、一九〇〇年に、日本は中国で巻き起こった義和団運動の鎮圧のために出兵します。欧米の帝国主義諸国と連合しての出兵であり、期間も約半年、一方的な殺戮と略奪で終わる戦争ですが、日本にとってはその後の日露戦争につながり、また満州事変、さらに日中戦争開始時の日本軍駐留の問題にかかわる戦争なので抜かすことはできません。

中国の〝半植民地化〟の扉を開いた下関条約

一八九五（明治28）年4月、日清両国は関門海峡に面した下関で日清講和条約（下関条約）に調印します。それには、前述の朝鮮の「完全独立」の承認のほか、次のような内容が含まれていました。

■遼東半島《りょうとう》、台湾、澎湖《ほうこ》諸島の割譲（ただし遼東半島は条約締結のすぐ後のロシア・フランス・ドイツの「三国干渉」により返還）

■償金二億両《テール》の支払い

■蘇州《そしゅう》など新たな開市・開港のほか欧米並みの通商上の特権の承認

このうちただちに大問題となったのが、賠償金二億両です。当時の清国の国家予算の二年半分にも当たる莫大な金額でした。これを日本の通貨にすると約三億六千万円となりますが、こちらも当時の日本の国家予算の四年分を上まわります。

当時と現在では国家体制も財政規模もまるで異なりますから、単純な比較はもちろんできませんが、国家予算との対比で見当をつけるとしたら、この賠償金額は現在の日本の通貨で四〇〇兆円程度ということになります。べらぼうな賠償金額でした。

このような莫大な資金は、もちろん清国政府の金庫にはありません。ではどうしたか。列強から借りたのです。まず一八九五年7月にはフランスとロシアから四億フラン、次いで翌九六年5月にはイギリスとドイツから一六〇〇万ポンドの借款を受けます。

先ほど「詐欺的強盗」という造語を使いました。清国は日本への賠償金支払いのため、同種の詐欺的強盗集団から金を借りたのです。当然、その見返りとして、取り返しのつかない担保・抵当を要求されることになります。

その後のなりゆきは、いかに帝国主義時代とはいえ、空前絶後のすさまじいものでした。海野福寿著『日清・日露戦争』（集英社版・日本の歴史18）に帝国主義諸国がどのように中国に襲いかかっていったかが列記されているので紹介します。

■一八九六年

6月＝ロシア・清国間に対日共同防衛の密約が成立、ロシアは満州を横断する東清鉄道の敷設権を獲得する。

10月＝東清鉄道の密約が改定され、黒竜江省、吉林省、遼寧省の東《とう》三省鉄道とシベリア鉄道の接続を決める。

■一八九七年

12月＝ドイツが、膠州《こうしゅう》湾の五〇年間租借を要求、のち占領する。

2月＝イギリスが、ビルマ鉄道の雲南への延長と、通商権の拡大を獲得する。

3月＝ロシアが、清国への借款供与の条件として、満州・内蒙古での鉄道敷設、工業の独占権、黄海沿岸の一港の租借などを要求する。

■一八九八年

1月＝イギリスが清国への借款供与の条件として、ビルマ—長江（揚子江）間の鉄道建設、長江沿岸地域の他国への不割譲、イギリス人による関税管理などを要求。

3月＝イギリス・ドイツが清国に、一六〇〇万ポンドの第二次共同借款を供与する。

3月＝ロシアが、大連・旅順の二五年間の租借と、南満州鉄道敷設権を獲得する。

3月＝ドイツが、膠州湾の九九年間の租借と、膠州―済南間の鉄道敷設権、鉱産物採掘権を獲得する。

4月＝フランスが、広州湾の租借と雲南鉄道敷設権を要求、広州湾を占領する。

4月＝アメリカが、粤《えつ》漢鉄道（広州―漢口）に四〇〇万ポンドの借款を供与し、同鉄道を支配する。

6月＝イギリスが九竜半島の九九年間の租借を獲得する。

7月＝イギリスが威海衛の二五年間の租借を獲得する。

9月＝イギリス・ドイツ間で、中国での権益と鉄道敷設権の範囲について協定を結ぶ。

■一八九九年

3月＝イタリアが、浙江《せっこう》省三門湾の租借を要求し、5月に軍艦を呉淞《ウースン》に入れる。

11月＝フランスが広州湾の九九年間の租借を獲得する。

■一九〇〇年

10月＝イギリス・ドイツ間で長江沿岸の権益について協定を結ぶ。

11月＝ロシアが、ハルビン―旅順間の鉄道敷設権を獲得する。また、満州占領地域の独占的権益を獲得したことの承認を得る。

以上の列強の中国進出には鉄道の敷設が多く含まれますが、この鉄道敷設権は多くの場合、沿線地域での鉱山の開発権もともなっており、あわせて自国の工業製品の販路拡大と中国での農産物、原料の獲得を可能にするものでした。つまり列強は、租借地＝軍事基地と鉄道をセットにすることで、中国での排他的権益の確保をすすめていったのです。

こうして、二千年にわたり東アジアに君臨してきた中華帝国も、帝国主義諸国に寄ってたかってその国家主権と国土を侵蝕され、むしり取られて、以後半世紀、半植民地状態にさらされます。その半植民地化の扉を開いたのが、日清戦争での日本の勝利であり、扉を開けるカギとなったのが日本への莫大な賠償金だったのです。

近代化運動「戊戌《ぼじゅつ》の変法」とその挫折

半植民地状態へと追いつめられてゆく自国の状況を、平然と傍観できる国民はいません。屈辱的な下関条約に対し、いち早く行動を起こしたのが、康有為《こうゆうい》を中心とする清国の若い官僚たちでした。彼らは、条約の拒否と政治の改革を説いた訴えを政府に提出した後、近代化のためのさまざまの運動にとりくみます。アダム・スミスの『国富論』やモンテスキューの『法の精神』などが彼らによって翻訳され紹介されました。

康有為とその盟友、梁啓超《りょうけいちょう》らは啓蒙運動をおしすすめるとともに、清朝の若い光緒《こうしょ》帝に対し

「変法」をくり返し訴えます。変法とは政治改革のことです。その訴えに心を動かされた皇帝は、ついに一八九八年6月、その提案を受け入れて、改革を指令します。この年が干支《えと》で戊戌（つちのえ・いぬ）に当たるので「戊戌《ぼじゅつ》の変法」と呼ばれます。

内容は、科挙制度の抜本的改革、近代的な学校制度の整備、新式陸軍の建設、商工業の振興策などを盛り込んだものでした。

隣国の朝鮮でも、これより前、同じような近代化の運動が起こりました。先に述べた「壬午《じんご》軍乱」の二年後（一八八四年）、金玉均《キムオッキュン》、朴泳孝《パクヨンヒ》ら若い開化派が引き起こしたクーデターによる政治の近代化です（甲申《こうしん》政変といいます）。このとき彼らは、例の済物浦《チェムルポ》（さいもっぽ）条約によって公使館警備の目的でソウルに駐屯していた日本軍一個中隊一五〇名の力を借りたのですが、ただちに優勢な清国軍が出動してきたため、民衆の支持がなかった新政権は文字どおり「三日天下」で終わったのでした。

清国の「戊戌の変法」も長くは続きませんでした。光緒帝の伯母であり、摂政として政治の実権をにぎっていた西太后《せいたいこう》を中心とする守旧派の巻き返しにあい、光緒帝は幽閉、中心的リーダーたちは処刑され、あるいは亡命して、この近代化の試みも「百日維新」で終わったのです。

義和団運動——反帝国主義の民衆反乱

この若い官僚たちの近代化の運動に重なり、接続するかたちで巻き起こったのが、義和団の運動です。義和団とは、もともとは武術修練のための民間結社が集まったもので、山東省でのドイツ人宣教師の強引な布教に対する反撃から始まったといわれます（以下、義和団運動については、小島晋治・丸山松幸『中国現代史』岩波新書を参照）。

ドイツが山東半島南岸の膠州湾《こうしゅうわん》（青島《チンタオ》はその港湾都市）の九九年間の租借と、膠州—済南《さいなん》間の鉄道敷設権を手にした一八九八年末以降、義和団の攻撃はいっそう激化します。それに対しドイツ軍が出兵、村々を焼き払い、県城を占領した上、多額の賠償金を巻き上げました。

こうした情け容赦のない侵略行為が重なるなか、民衆反乱の攻撃対象はキリスト教のみならず列強の帝国主義的侵略そのものへと拡大・深化していきます。翌一八九九年になると、義和団は「扶清滅洋《ふしんめつよう》」のスローガンをかかげ、反乱は山東全域に広がりました。「扶清」とは、清国を扶《たす》ける、「滅洋」とは西洋諸国を滅ぼす、という意味です。

一九〇〇年春、義和団の反乱はとなりの河北省にまで広がり、6月には天津《てんしん》から首都・北京にまで進出しました。義和団の主力は、十代の農村の男女だったといいます。十代の少年少女といえば、後年、一九六〇年代の半ばから七〇年代の半ばにかけ、赤い表紙の『毛沢東語録《もうたくとうごろく》』を振りかざして中国全土を揺るがした「紅衛兵《こうえいへい》」を連想します。あの文化大革命での盲目的ともいえるエネルギーの奔流が、この義和団運動でも華北を席巻《せっけん》したのでしょう。少女たちで編成された宣伝隊「紅灯照」は、日清戦争で日本に割譲させられた台湾の奪還を訴えていたといいます。

八カ国連合軍の主力となった日本軍

一九〇〇年5月末、義和団は天津から北京に通じる鉄道を破壊しはじめました。鉄道こそ侵略の象徴だったからです。6月に入ると、北京の各国公使館、居留民は孤立させられ、その上、ドイツ公使と日本公使館員が北京の路上で殺害されます。北京の公使館区域は義和団の民衆によって包囲されました。

これに対し、列強諸国は共同して軍事行動を起こします。イギリス艦隊の司令官が各国の陸戦隊を率いて北京に向かいました。ドイツ、日本、イギリス、アメリカ、フランス、ロシア、オーストリア、イタリアの八カ国連合軍です。しかし義和団はしりぞかず、清国軍の兵士も加わって各国の公使館攻撃を開始しました。それまで義和団と列強との間で揺れていた西太后も、6月21日、ついに列強諸国に対して宣戦布告を発します。

清国からの宣戦布告の二日後、23日、イギリスは日本に対し正規軍の派兵を要請します。日本が中国に最も近いということのほか、中国と国境を接するロシアが大軍を送り込んできて義和団鎮圧の主導権をとるのを恐れたからでした。

しかし日本政府は、それより先の15日、すでに派兵を決定していました。このとき派兵した日本軍の数は二万二千人、約三万六千の八カ国連合軍の六割強を占めていました。この後、各国からの派兵で連合軍は七万に増強されますが、日本軍が主力部隊となったことに変わりはありません。

8月14日、連合軍は北京に進攻、激しい市街戦のあと市内を制圧します。近代兵器を装備した連合軍に対する戦争では〝武術集団〟に勝ち目はなかったのです。市内を占領した連合軍は、紫禁城や頤和園《いわ》をはじめ、ところかまわず押し入って略奪をほしいままにしました。それにより、貴重な文物や典籍が欧米に持ち去られます。

北京を占領した帝国主義諸国連合軍は、そのあと西は山西省東部、北は内蒙古の張家口《ちょうかこう》、南は河北省の保定《ほてい》まで侵入、占領しました。一方、ロシアは、建設中の東清鉄道の保護を名目に、八万人もの大軍を送り込んで、チチハル、ハルビン、吉林、瀋陽《しんよう》（当時は奉天といった）など満州の要地をことごとく占領したのです。

ところで、列強に宣戦布告した西太后はといえば、占領された北京から西安に逃れますが、その逃避行の途中、一転して義和団鎮圧命令を発して民衆を裏切り、一身の保身をはかったのでした。

中国に侵略してきた帝国主義諸国に対する義和団、つまり中国民衆のこの戦いは、日本では

「北清事変《ほくしんじへん》」と呼ばれてきました。清国の北部、「北清」で起こった争乱という意味です。しかし、西太后は宣戦布告しましたし、列強諸国は正規軍を派兵したのですから、これは明らかに戦争でした。そしてこの戦争の主体となったのは義和団ですから、この戦争は「義和団戦争」と呼ぶべきではないかと私は思います（義和団鎮圧戦争というと、義和団を鎮圧した列強諸国の立場に立った呼び方になります）。

北京議定書による中国の半植民地化の決定と外国軍の駐兵権

一九〇〇年10月、北京を占領したまま連合国は清国との講和会議に入りました。清国側の全権委員となったのは、下関条約のさいの清国全権・李鴻章《りこうしょう》を含む二人です。交渉はほぼ一年かかり、翌一九〇一年９月、北京議定書が締結されました。

これにより清国に課せられた賠償金は、なんと四億五千万両《テール》、下関条約での日本への賠償金の二倍です。これを三九年間の分割払いで支払え、というのです。

そこでこれを三九年かかって支払ったとすると、元利合計で九億八千万両、先述の国家予算との対比で仮に現在の日本の通貨に置き換えてみると、二〇〇〇兆円前後ということになります。またその財源としては、関税や塩税などによる収入を当てることとし、その管理・運営は連合国が行なうとされました。

何十年かかってもとうてい払えない天文学的な賠償金を課せられ、その抵当として関税収入やまた人々の生活に絶対に欠かせない塩にかける税収入を外国に押さえられた中国は、これにより半植民地状態の境遇を半永久的に決定づけられたのです。

あわせてこの北京議定書では、北京に、中国人の居住を排除した「公使館区域」を設定して、そこに「外国軍隊が駐屯」することと、さらに北京から渤海《ぼっかい》に面した山海関《さんかいかん》にいたる沿線要地への「外国軍の駐兵権」が認められました。この駐兵権にもとづいて、日本は北京近郊に軍を駐屯させ、その駐屯軍が三六年後に盧溝橋事件を引き起こすのです。

侵略戦争に「正当性」はない

さて、以上が義和団戦争をめぐる経過ですが、ここでの日本軍の出兵の「正当性」についてはどう見たらいいのでしょうか。

田母神氏は「我が国は日清戦争、日露戦争などによって国際法上合法的に中国大陸に権益を得て、これを守るために条約等に基づいて軍を配置したのである」と書いていましたが、この義和団戦争の段階ではまだその権益は得ていません。すぐ前に述べたように、この義和団戦争の結果である北京議定書において、日本を含む諸国は駐兵権を獲得するのです。

では、日本を含め、列強諸国は何を理由に軍を出したのか？

直接の理由は、義和団の蜂起でした。それに対抗し、それを鎮圧するために、各国は軍を出したのです。

では、なぜ義和団の運動が起こり、各国公使館などを攻撃したのか？

理由は、列強諸国による中国への文字どおりの帝国主義的侵略です。中国の国家主権と国土に対する寄ってたかっての侵害です。前に長々と列記しました。

そしてその帝国主義諸国の中国への全面的侵略の扉を開けたのが、日本でした。朝鮮の支配権を獲得するために、清国に戦争をしかけ、戦争に引きずり込み、勝利して莫大な賠償金と国土（台湾と澎湖諸島）をもぎ取ったことで、列強諸国がその後むらがって利権を奪い合う、そのレールを敷いたのです。

そしてその結果巻き起こった中国民衆の反帝国主義戦争――義和団戦争では、日本軍は各国連合軍の主力部隊として戦い、再び勝利しました。この戦争で、日本は最初から最後まで中心的役割を果たしたのです。

では、その出兵の正当性・合法性はどうか。

答えは、いま要約した経過から見ても明らかでしょう。

義和団戦争の本質は帝国主義による侵略戦争であり、どう言いつくろったところで、侵略戦争に正当性・合法性があるはずはないのです。

5　日露戦争での韓国出兵（一九〇四年）

満州に手を広げたロシア

先に、日清戦争の後、帝国主義諸国が中国にむらがり侵蝕していった様子を年表のかたちで列記しました。そのうち中国の東北地方・満州に関しては、ロシアがほとんど傍若無人ともいえる勢いで手を広げていきました。その足跡を年表からひろってみると——

一八九五年7月、清国に対し日本への賠償金支払いのための借款を供与すると、翌九六年6月には満州を西から東へ横断する東清鉄道の敷設権を獲得、つづいて10月にはその東清鉄道をさらに吉林省から遼寧省へと、満州を北から南へ縦断するかたちで伸ばすとともにシベリア鉄道と接続させることを決めます。

そして九八年3月には念願の大連・旅順の二五年間の租借と、南満州鉄道敷設権を獲得、一九〇〇年11月には黒竜江省のハルビンから旅順までの鉄道敷設権を獲得した上、満州占領地域の独占的権益を獲得したことの承認を得る――のです。

このように満州での権益を拡大する一方、義和団戦争に乗じてロシアは八万もの大軍を満州に送り込み、その要地を占領したことは先に述べました。一九〇一年9月に北京議定書を締結した後も、ロシアは満州から撤兵せず、イギリスと日本からの抗議で〇二年4月、やっと一八カ月以内に撤収するという協定を結びます。そして同年10月、やっと第一期の撤兵を実施するのですが、翌〇三年4月に予定されていた第二期の撤兵は履行せず、満州要地の占拠を続けたのでした。

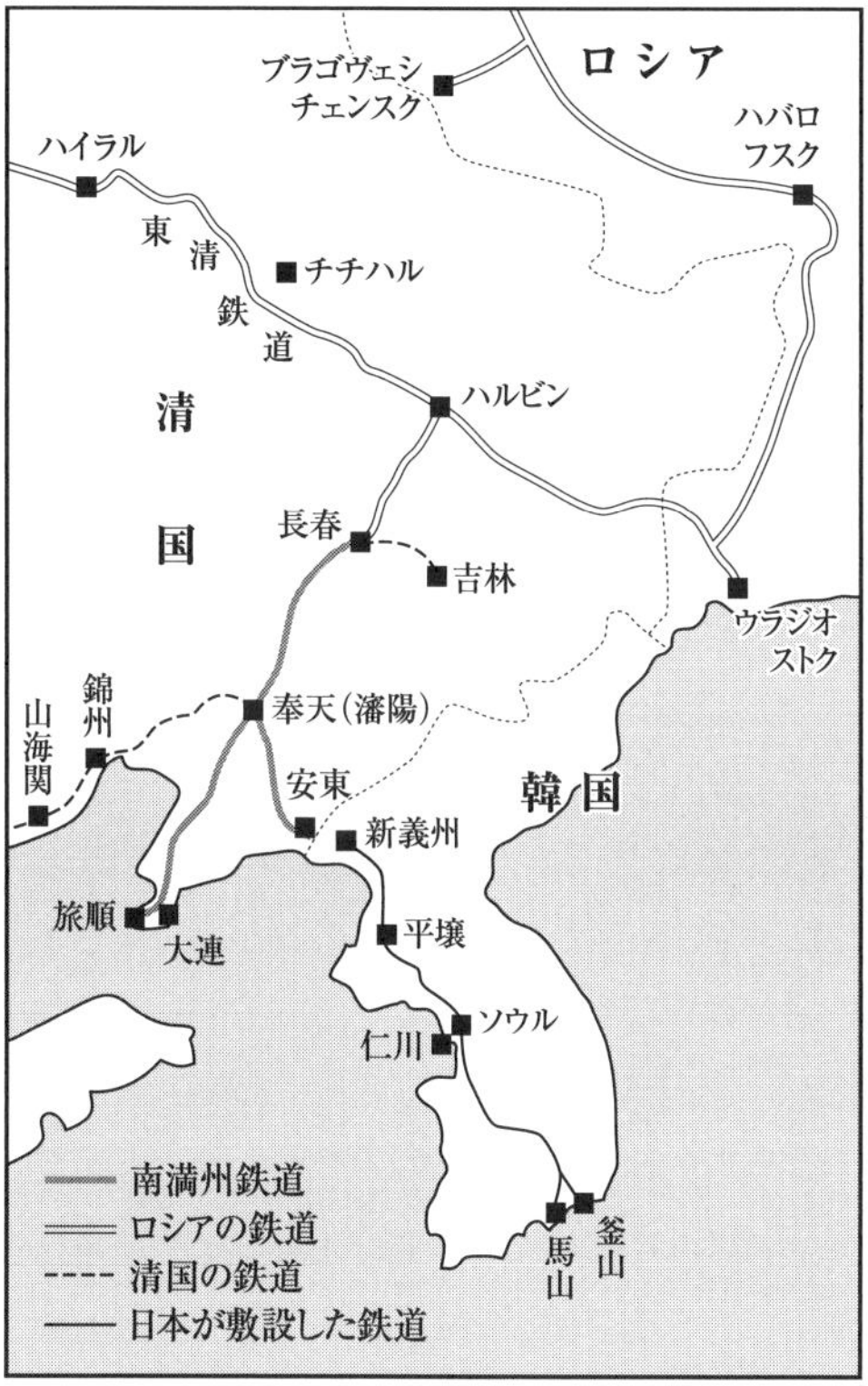

朝鮮をめぐる日本とロシアの綱引き

こうして満州を急速に自国の勢力圏に組み入れつつあったロシアの影響力は、満州と国境を接する朝鮮にも及びます。

日清戦争の勝利によって清国の影響力を断ち切った日本は、明治維新の元勲の一人である井上馨が朝鮮公使となり、朝鮮の政治に深く介入していきます。その日本の圧力に対抗するために、朝鮮国王が後ろ盾としたのがロシアでした。

下関条約調印の直後、日本政府が最も渇望して手に入れた遼東半島が、露・独・仏の三国干渉によって放棄させられますが、その三国干渉をリードしたのがロシアでした。そしてその遼東半島の扇のかなめである大連と旅順が、さっきの年表にあったとおり、三年後の九八年3月にはロシアに「租借」されてしまうのです。

下関条約の調印から半年がたった一八九五年10月、その前月に井上馨に代わり朝鮮公使となってソウルに入った退役中将・三浦梧楼が指揮をとり、早朝、日本軍守備隊と民間の壮士たちが朝鮮王宮に乱入、王妃・明成《ミョンソン》皇后を惨殺します。政治の実権をにぎる皇后の一族がロシアに接近していたのを断ち切り、日本軍の駐兵を引き続き確保するため、参謀本部が密かに立案、政府も黙認して決行した、近代国家としての恥も外聞もかなぐり捨てた恐るべき蛮行でした（詳細は、金文子『朝鮮王妃殺害と日本人』二〇〇九年、高文研、参照）。

この事件の後、翌九六年2月、皇后を殺された国王・高宗《コジョン》は親露派に守られ、ロシア公使館に移ります。「露館播遷《ろかんはせん》」と呼ばれます。内閣も親日派から親露派に代わりました。

一年後の九七年2月、国王はロシア公使館から慶運宮に居を移し、10月には国名を朝鮮から「大韓帝国」と改称しますが、その帝国は日本とロシアとの綱引きの上に何とも危ういバランスで建っていたのです。

日露開戦への道

そのバランスを突きくずす大きなきっかけとなったのが、一九〇二年1月、ロンドンで調印された日英同盟協約でした。

近代の国際政治を動かした大きな要因の一つに、ロシアの南下政策があります。それを最も強く警戒していたのがイギリスでした。インド支配を確立したイギリスは、当時ずっと、中央アジアからインド洋をめざして南下してくるロシアと、アフガニスタンをはさんでせめぎあいを続けていました。その中東と並んでもう一つ、アジアでのロシア南下政策との抗争の場が、この満州・朝鮮だったのです。日清戦争後、地の利を生かして満州の権益を次々に手に入れ、さらに朝鮮をもうかがうロシアに対抗するために、イギリスは日本と手を組んだのでした。

日、英との協約も無視したロシアは、第二次撤兵を実行するどころか、〇三年5月には大韓帝国との国境に流れる鴨緑江《おうりょくこう》を越え、韓国側の河口・竜岩浦《ヨンアムポ》に兵営を建設、懸案だった森林伐採を始めるとともに、7月にはその租借権を獲得します。租借後、竜岩浦は当時のロシア皇帝の名にちなんでニコライ港と名づけられました。ロシアがいよいよ韓国内に入り込んできたのです。

ロシアはこの鴨緑江沿岸を日本の満州進出の防御線に設定するとともに、旅順港要塞《ようさい》の増強工事を急ぎました。そのさなか、〇三年8月には極東総督府を設置、総督にはアレクセーエフ大将を任命したのです。

一方、日本国内でも主戦論が猛然と湧き起こります。『東京朝日新聞』や『読売新聞』はじめ多くの新聞が対露強硬外交を主張し、東京帝国大学教授らが三国干渉のさいの失策をくり返すなという「七博士の意見書」を桂太郎首相に提出、それが新聞に発表されるなど主戦論が支配的となってゆきました。

こうしてきな臭い空気がみなぎる中、〇三年10月から日ロ交渉が開始されます。日露、どちらの政府も、進んで開戦に突入してゆくほどの自信はありません。しかし、ロシアに対し日本の韓国への独占的支配権を認めさせたうえで満州問題を話し合おうという日本側と、反対に満州問題は議題には取り上げず韓国問題だけを論じ合おうというロシア側とでは、交渉が成立するはずはありませんでした。

これより一〇余年前、一八八九（明治22）年に大日本帝国憲法とともに公布された衆議院議員選挙法にもとづき、翌九〇年7月に総選挙が実施されます。その総選挙で当選した議員たちにより、11月、第一回帝国議会が開かれますが、そこでの施政方針演説で山県有朋首相（陸軍大将）は有名な「主権線」「利益線」論を展開します。「主権線」とはつまり国境線のことですが、この国境線の内側を安全に保つためには、その外側に密着した「利益線」を他国から侵害されぬよう安定的に確保しなければならない、そのために陸海軍の予算の確保が必要なのだ、という論旨です。当時の「利益線」は朝鮮を意味していました。

それから五年、日清戦争で勝利した日本は、朝鮮に対する排他的支配を確立しました。山県流の帝国主義的思考では、朝鮮が「主権線」となったのです。とすると、その北方に隣接する満州が、日本の新たな「利益線」となります。後年、一九三〇年代には満蒙（満州・内蒙古）こそ日本の生命線だという「満蒙生命線」論が喧伝されますが、そうした思考の種子《たね》はすでに四〇年前にまかれていたのです。

すでに満州を押さえてさらに韓国に南下するロシアと、韓国の独占的支配権を確立してさらに満州に北上しようとする日本。日露戦争はこの二つの帝国主義がぶつかり合った戦争にほかなりません。

宣戦布告前に行動を起こした日本陸海軍

交渉が行き詰まったまま年が明けた一九〇四年2月4日、明治天皇の前での御前《ごぜん》会議はついに開戦を決定します。6日、駐ロ日本公使は、ロシア政府に対し交渉の中止と国交断絶を伝える文書を提出しました。

この国交断絶の文書を提出した6日、陸軍の先遣隊として四個大隊二二〇〇人を乗せた輸送船三隻が、巡洋艦五隻に護衛され、仁川《インチョン》をめざして佐世保港を出港しました。この先遣隊は8日夜半に仁川に上陸、二個大隊がソウルに向かい、そのまま入城します。在韓ロシア公使はすでにソウルを去り、韓国政府内の親露派の動きは封じられました。ロシアへの宣戦布告が発せられるのは10日ですから、以上の行動はすべて宣戦布告前に実行されたのです（以下、海野氏の前掲書参照）。

これより先、前年の9月、日露戦争が避けられないのを察知した韓国皇帝は、日本とロシアに対し、日露開戦のさいは韓国は「局外中立」をとることを通告していました。また年が明けて事態がいっそう緊迫した1月には、韓国外相の名で各国にあて「韓国は中立」の声明を送っていました。しかし日本政府は、そうした韓国の宣言には目もくれず、宣戦布告の前に早ばやと無防備の首都ソウルに入城、制圧したのです。

先遣隊につづいて同じ2月の16日から27日にかけ、第一軍の第一二師団一万四〇〇〇人が仁川に上陸しました。この第一軍は、ソウルから平壌《ピョンヤン》をへて朝鮮半島を北上して満州に入った部隊です（他の第二～四軍は、遼東半島に上陸）。

こうして韓国の首都と周辺を制圧した2月23日、日本は韓国皇帝に対し「日韓議定書」の調印を強要します。それは、日本政府が韓国の皇室と領土の保全に当たるという名目で、それが侵害される場合は日本が必要な措置をとるが、そのさいは韓国政府は日本軍に対して十分な便宜を供与しなくてはならないし、日本軍は軍に必要な用地を自由に収用できる、というものでした。

要するに、「中立」を宣言した韓国の軍事占領を正当化するために、日本は韓国皇帝の安全および韓国の独立と領土保全を守ってロシアと戦うのだという形式をととのえるとともに、ロシアとの戦争の兵站《へいたん》基地として韓国の国土を自由に利用するための議定書だったのです。

以上のように、日露戦争での日本陸軍の作戦行動はまず韓国への出兵から始まりました。海軍はどうだったでしょうか。

2月8日夕刻、先述のように先遣隊を乗せた輸送船が仁川港に入ったとき、そこには多数の外国船にまじってロシア太平洋艦隊所属の一等巡洋艦「ワリャーグ」と砲艦「コレーツ」が停泊していました。先遣隊の輸送船を護衛してきた巡洋艦艦隊は、事前の知らせでそのことを知っています。

夜半にいたり、先遣隊の上陸完了を見とどけた日本艦隊の司令官は「ワリャーグ」艦長に対し、港を出ることを通告、出てこないときは港内で砲撃すると伝えます。翌9日正午すぎ、「ワリャーグ」と「コレーツ」は港外に出てきます。待ち構えていた日本巡洋艦隊が二隻に集中砲火を浴びせること二時間弱、炎上した「ワリャーグ」は「コレーツ」とともに仁川港内に引き返し、乗組員全員が退避した後、共に自沈したのでした。こうして日本海軍は、宣戦布告前に早くも「戦果」をあげたのです。

条約違反の「合法化」の誤魔化し

このように、日露戦争での日本軍の最初の作戦行動も、日清戦争のときと同様、韓国への出兵から始まったのですが、ではこの出兵は田母神氏の言うように韓国との「条約に基づいたもの」だったのでしょうか?

済物浦《チェムルポ》(さいもっぽ)条約はまだ生きています。しかしソウル市内は平穏ですし、第一、送り込んだのが「兵員若干」どころではありません。先遣隊だけで二二〇〇人、続く本隊は一万四〇〇〇人です。

適用できる条約はなかった。だから日本政府は、国際的批判をかわすために、間をおかず「日韓議定書」に皇帝の印璽《いんじ》をつかせて日本軍の駐留を「合法化」したのです。

つまり、条約にもとづいて出兵したのではなく、出兵した後で条約を結んだ(結ばせた)のです。

以上が、歴史の事実です。それなのに、「日本は相手国との条約に基づかずに軍を出兵、駐留させたことはない」と主張するのは、百年前に日本政府・軍が行なった誤魔化しの「合法化」を、重ねて正当化することにほかなりません。しかもそれを、航空自衛隊の最高位をきわめた「軍人」が言ったのでは、ウソつきはやはり「日本軍」のDNAか、ということになるでしょう。

6　関東軍の満州駐兵と満州事変（一九〇五年・三一年）

日露戦争で日本が獲得したもの

日露戦争は、日本軍側の戦死と戦病死者あわせて八万四千人、ロシア軍側が五万人という甚大な犠牲を生んで終わりました。日清戦争での日本軍の戦死・戦病死者は一万三千人でしたから、その約六・五倍になります。

講和の交渉は、アメリカのセオドア・ルーズベルト大統領の斡旋により、ボストンの北八〇キロの軍港ポーツマスで、一九〇五年8月から9月にかけて行なわれました。交渉の結果、日本が得たのは次のようなものでした。

■韓国に対する日本の支配権確保の承認
■ロシアが清国から得ている遼東半島の租借権の譲渡
■旅順から長春までの東清鉄道南満州支線の譲渡

■サハリン南半部の割譲

日清戦争のときのように賠償金こそ得られませんでしたが、そしてそのため憤懣を爆発させた群衆による日比谷焼き打ち事件も起こりましたが、実際は外国から借りた戦費も使い果たし、これ以上の戦争継続には耐えられない状態にあった日本にとっては望外ともいえる結果でした。

それにしても、遼東半島の租借権や南満州鉄道をめぐる権益は、ロシアが清国から得ていたものです。それなのに、もともとの権利保持者の清国にはひと言の相談もなく権益のやり取りをしたわけですから、何とも乱暴なものです。

さすがにこの件については清国の承諾が必要という条件付だったので、ポーツマス条約調印からまもない一九〇五年11月から、日本は清国と北京で交渉を開始します。当然、清国側は多少とも権利を取り戻そうとしますが、力関係はいかんともしがたく、翌12月、満州に関する日清条約（北京条約）が調印されました。これにより、ロシアが南満州で得ていた権益がそっくり日本のものとなったのです。

「関東軍」の成立とその活動範囲

ポーツマス条約で日本が租借権を獲得した遼東半島は、その全部ではありません。大連、旅順を含む、その先端部です（地図参照）。三四六二平方キロといいますから、埼玉県より少し小さい

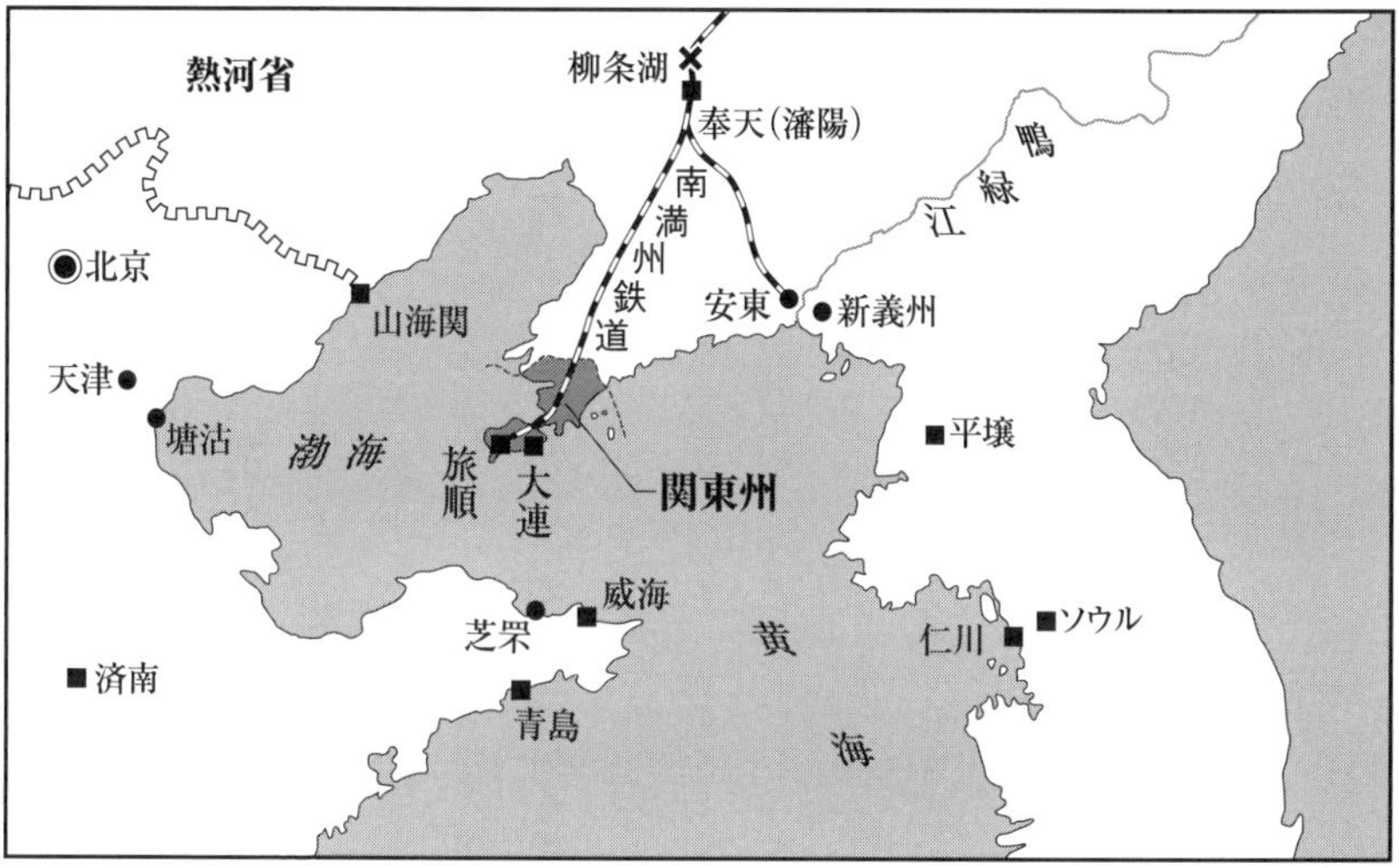

面積です。ここを日本政府は新たに「関東州」と名づけました。

この「関東」はもちろん日本の関東地方とは関係ありません。天津《てんしん》の北東、渤海《ぼっかい》に面して山海関《さんかいかん》という小都市があります。万里の長城の東の起点です。城楼が建ち、そこに掲げられた額に「天下第一関」の文字があるそうです。その山海関から東に広がる地方を、清国では「関東」と呼んでいました。「関東」は、したがって「満州」に重なります。

一方、鉄道については、旅順から長春までの約四三〇キロの線路と、それに加え、線路の左右約三〇メートルずつ、合計六二メートルの鉄道用地が付属地として自由に使えることになりました。四三〇キロにわたってつづく細長いベルト状の土地ということになります。

そしてこの四三〇キロの鉄路を保護するため、一キロにつき一五名を超えない範囲で守備兵を置くことができる、と定められたのです。最大で、六四五〇名の兵が線路沿いに配備できるということです。

なお、「関東州」内については自国の領土同然ですから配備する兵力に制限はありません。実際には、日露戦争後の段階でここには二個師団、約一万の兵力が配備されました（島田俊彦著『関東軍』講談社学術文庫）。

このあと、鉄道とそれに付随する炭鉱や製鉄会社などの経営は国策会社の満鉄（南満州鉄道株式会社）にゆだねられ、関東州と軍の管轄は軍人である関東都督の下におかれます。さらにその後、一九一九年には関東都督府を廃止して関東庁を新設、その長官には文官を当てるとともに軍は分離して、「関東軍」として独立することになりました。今や朝鮮半島まで抱え込んだ「国土防衛」の最前線に立ち、過剰な自信と野望で肩をいからせた参謀たちにあやつられ、日本を長い戦争の谷間に引きずり込んでいった関東軍が、ここに生まれたのです。

しかしこの時はまだ、関東軍が自由に動ける範囲は、条約上は、広大な満州の中の埼玉県ほどの関東州と、満鉄線路沿いの幅六二メートルの細いベルト状の土地の中だけに限定されていました。

清国の消滅とその後の中国の混迷

ここで少し時間を戻します。

一八九八年の康有為らによる政治改革・近代化のとりくみ（戊戌《ぼじゅつ》の変法）を弾圧した西太后も、自国が次々に半植民地化されてゆく状況を前に、さすがに黙って見ているわけにはいきません。袁世凱《えんせいがい》らの高官の意見具申にもとづいて、商工業の振興や、科挙の廃止を含む学校制度の改革とあわせ、近代化された新しい軍の建設をすすめます。その新しい軍をバックにのしあがってきた実力者が袁世凱でした。

こうして清国の政治がようやく近代化に向かって歩み始めた一九〇八年、光緒帝と西太后があいついで世を去ります。次の皇帝には、西太后の指名により光緒帝の甥であった溥儀《ふぎ》が、わずか二歳で宣統帝として即位、その父の載灃《さいほう》が摂政となりました。

こうした中、広大な中国の国土に新たな動きが湧き起こってきます。秦の始皇帝以来二千年をこえて続いてきた王朝による専制政治を打倒して共和制をめざそうという革命運動です。

一九〇五年、孫文が三民主義（民族主義、民権主義、民生主義）をかかげて創立した中国同盟会を中心とする「国民革命」の波は、中国の民族意識の高まりの中でたちまち全土に広がり、とくに中南部（華中、華南）の各地で兵を挙げて政権奪取をねらいました。一九一一年10月、華北の湖北省・武昌での蜂起が天王山となり、各省での蜂起がつづき、11月末には全二四省のうち一四省が中央政府からの離脱を宣言します。

翌一九一二年1月、清朝政府の北洋新軍と戦って占領した南京に、一七省の代表が集まり、中華民国臨時政府を樹立、孫文を臨時大総統に選出しました。

しかし、臨時政府の成立は宣言したものの、北京にはまだ強力な新軍を率いる「清国最後の総理大臣」袁世凱がいます。しかもこの老獪な袁世凱を、イギリスが後押しし、アメリカもそれに同調していました。袁世凱の巧妙な政治攻勢に対し、内部不統一の臨時政府はそれをはね返せず、孫文は共和制の実現や首都の南京への移転などを条件に臨時大総統を袁世凱に譲ることに同意します。

2月、宣統帝は六歳で退位、ここに大清国は消滅しました。以上の一連の経過を、前年（一一年）の干支《えと》（かのと・い）から辛亥《しんがい》革命と呼びます。

この後、袁世凱は独裁的な権力をふるい、約束した共和制を廃止して「中華帝国」の「皇帝」となりますが、あまりの時代逆行に配下の将軍たちにも愛想をつかされ、一九一六年、悲憤のうちに病死しました。

袁世凱の死後、中国は私兵を率いた「軍閥」が各地域に割拠する状態となります。大小軍閥のうち、満州・華北を勢力圏とした張作霖《ちょうさくりん》をはじめ閻錫山《えんしゃくざん》、馮玉祥《ふうぎょくしょう》、呉佩孚《ごはいふ》などが有名です。日本をはじめ列強諸国はそれぞれの軍閥と手を結んで、自国の権益の拡大をはかりました。

そうした中、第一次世界大戦中の一九一七年7月、孫文は広東に軍政府を設置、ここを拠点とします。同じ年の10月にロシアで起こった社会主義革命（ロシア革命。一一五ページ参照）の影響を受け、二一年には中国共産党が結成されました。その背景には、第一次大戦中に日本が中国に突きつけた「二一カ条要求」（一一一ページ参照）に対する激烈な抗議デモから始まった民族独立運動（「五《ご》・四《し》運動」）や労働運動の高揚がありました。

そうした動きに突き動かされて、孫文はこれまでの激動する情勢の中、一四年に東京で結成されていた秘密結社的な中華革命党を「中国国民党」に改称、中国が直面する最大の課題は国の統一と完全な独立だとして、民衆運動を指導するもう一方の勢力、中国共産党と腕を組むことを決意します。共産党もこれを受け入れ、一九二四年、第一次「国共合作」が成立しました。

燃え上がる反帝国主義運動と蒋介石の台頭

一九二四年、北京を中心に、軍閥間で大きな戦いがあり、その結果、全国に呼びかけて国民会議を開くことになります。孫文も上京してその会議に参加するのですが、翌二五年3月、肝臓がんのため五九歳でその生涯を閉じたのでした。

孫文の死後、これまでにもまして中国の反帝国主義運動と労働運動が爆発的に燃え上がります。二五年5月、上海の紡績工場で労組指導者の一人が日本人監督に射殺され、それへの抗議デモに対するイギリス警官隊の発砲で一三人が殺されたのをきっかけに、全市がゼネストに突入、上海租界の機能がマヒ状態となります。

同じ時期、広東省と香港での「省港スト」は、一五カ月間も続けられ、イギリスの東アジア支配の根拠地・香港は「死港」と化しました。

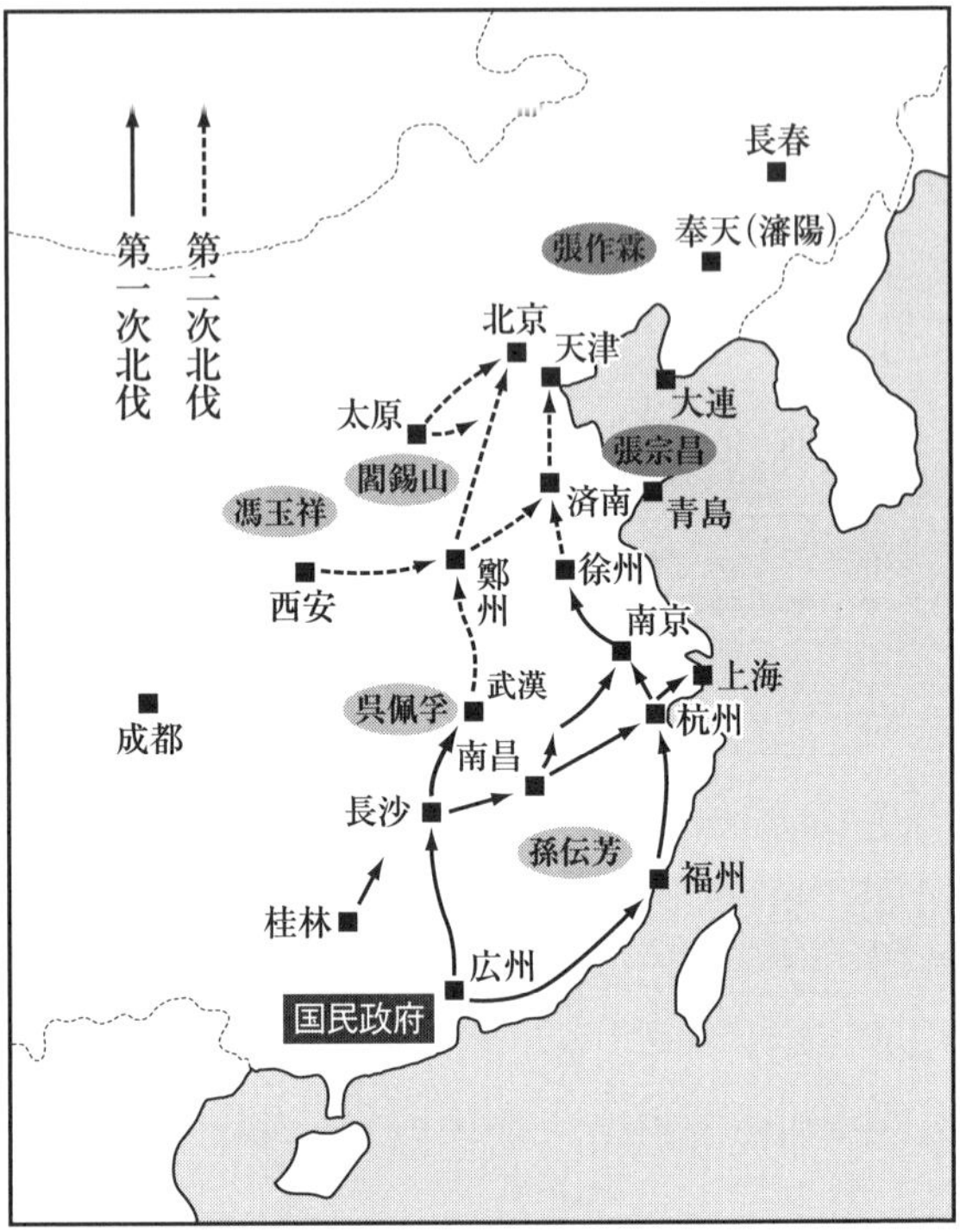

国民政府軍による「北伐」

こうした中、二五年7月、広東では名実ともに国民党による「国民政府」（主席は左派の汪精衛《おうせいえい》）が成立、全国革命運動の中心へと押し上げられていきます。と同時に、国民党の中に、共産党と連携する左派と、それに対立する右派との亀裂が目立ちはじめます。右派の中で急速に勢力を伸ばしていったのが、革命軍の幹部を養成する黄埔《こうほ》軍官学校の校長を務めた蒋介石でした。

翌二六年6月、国民党は「北伐《ほくばつ》」（北方軍閥の討伐）を決定、7月、蒋介石を総司令とする国民革命軍一〇万が広東を出発、北京に向かいます。途中、革命軍はいくつもの軍閥の軍と戦いますが、私兵からなる軍閥軍の士気は低く、次々と撃破されていきます。

しかし、国民党内の左右の勢力の亀裂はいっそう深まっていきました。二七年3月、上海の労働者は共産党員・周恩来《しゅうおんらい》の指導でゼネストを打つとともに武装蜂起し、軍閥の軍を一掃して臨時政府を樹立しますが、４月、蒋介石はその上海の労働者に襲いかかり、二〇万人の抗議デモに機銃掃射を浴びせるのです。

「国民革命軍」とはとても呼べない、まさに反革命の蛮行ですが、その後も蒋介石は勢力を拡大し、これまでの国民党左派まで呑《の》み込んでいきます。ついに、国民党内にとどまることに危険を感じた共産党は、７月、国民政府と訣別します。こうして、一九二四年から続いてきた第一次「国共合作」は四年たらずで終了したのでした（第二次「国共合作」は、これから一〇年後、日中戦争突入の直後、本書でこの後に登場する張学良によって実現します）。

翌一九二八（昭和３）年４月、蒋介石に率いられ、閻錫山《えんしゃくざん》ほか帰順した軍閥をも抱え込んだ北伐の大軍は、北方軍閥の拠点・北京に向かいます。北方軍閥の中の最大勢力は、満州の瀋陽（当時は奉天といった）を根拠地とする張作霖《ちょうさくりん》でしたが、勝負はすでに戦う前からついており、６月、北伐軍は北京に無血入城したのでした。ここに北伐は完成、国民政府は新しい首都を南京と決めていたため、北京を「北平《ペーピン》」と改称しました。

張作霖爆殺から満州事変へ

北京を追われた張作霖は、根拠地の瀋陽へと向かいます。ところが、瀋陽駅に到着する直前、張作霖の乗る特別列車が通りかかった瞬間をねらいすまして、線路下に仕掛けられた爆薬が炸裂、張作霖は即死状態で絶命しました。二八年6月のことです。

犯人として麻薬患者の中国人浮浪者二人の死体が用意されていましたが、犯行を計画・実行したのは関東軍の高級参謀・河本大作《こうもとだいさく》大佐と、その命《めい》を受けた将校数人でした。もちろん極秘の犯行でしたが、徐々にベールがはがれ、日本の国会でも「満州某重大事件」として取り上げられるようになり、ついに時の田中義一内閣の総辞職にまで行き着きます（二九年7月）。

関東軍が張作霖を爆殺したのは、かつて軍閥どうしの戦いで関東軍に援《たす》けられ、日本に対して協力的だった張作霖が、満州での権力を固めてゆくうちに自主自立へと方針を転換、たとえば満鉄と競合する鉄道の敷設など、対立する場面も出てきたからです。そこで、満州を日本の支配下に置くためには、大ボスである張作霖の存在は邪魔になると見たからでした。

しかし、張作霖の跡を継いだ息子の張学良は、父親以上に関東軍（日本）の思い通りになりませんでした。7月、張学良は、蒋介石から与えられた東《とう》三省（吉林省、黒竜江省、奉天省＝現遼寧省）保安総司令、つまり満州の総司令官のポストを受け入れ、さらに12月にはこれまでの「国旗」を五色旗から国民政府の旗「青天白日旗」に変えて、国民政府の統治下に入ることを誓約したのです。

以後、満州での抗日・排日の動きは日々強まっていきます。満鉄と並行する路線が中国側の自力で建設され、満鉄の事業独占をおびやかし始めました。

こうして情勢が緊迫してゆく中、一九三一（昭和6）年8月初め、日本陸軍中枢は重大な方針を決定します。「満蒙問題解決」のため一九三五（昭和10）年を目標に軍事行動を起こすというのです。しかし関東軍は、その時すでに軍事行動の準備に入っていました。

中国の都市は、その周囲を城壁で囲まれています。張学良が拠点を置く現在の瀋陽、当時の奉天の城壁を攻略するためには、大きな破壊力を持つ大砲が必要でした。そこで日本本土から、四五式二四サンチ榴弾《りゅうだん》砲二門を、わざわざそのために運んできたのです。奉天駅を守る独立守備隊の兵営内にそれを据え付けるためには、直径五メートル、深さ一メートルにわたって土を掘らなくてはなりません。かなりの大工事で、人目につきます。それでこれは、水泳用のプールを作っているのだ、とことさら宣伝したといいます（島田俊彦氏、前掲書）。

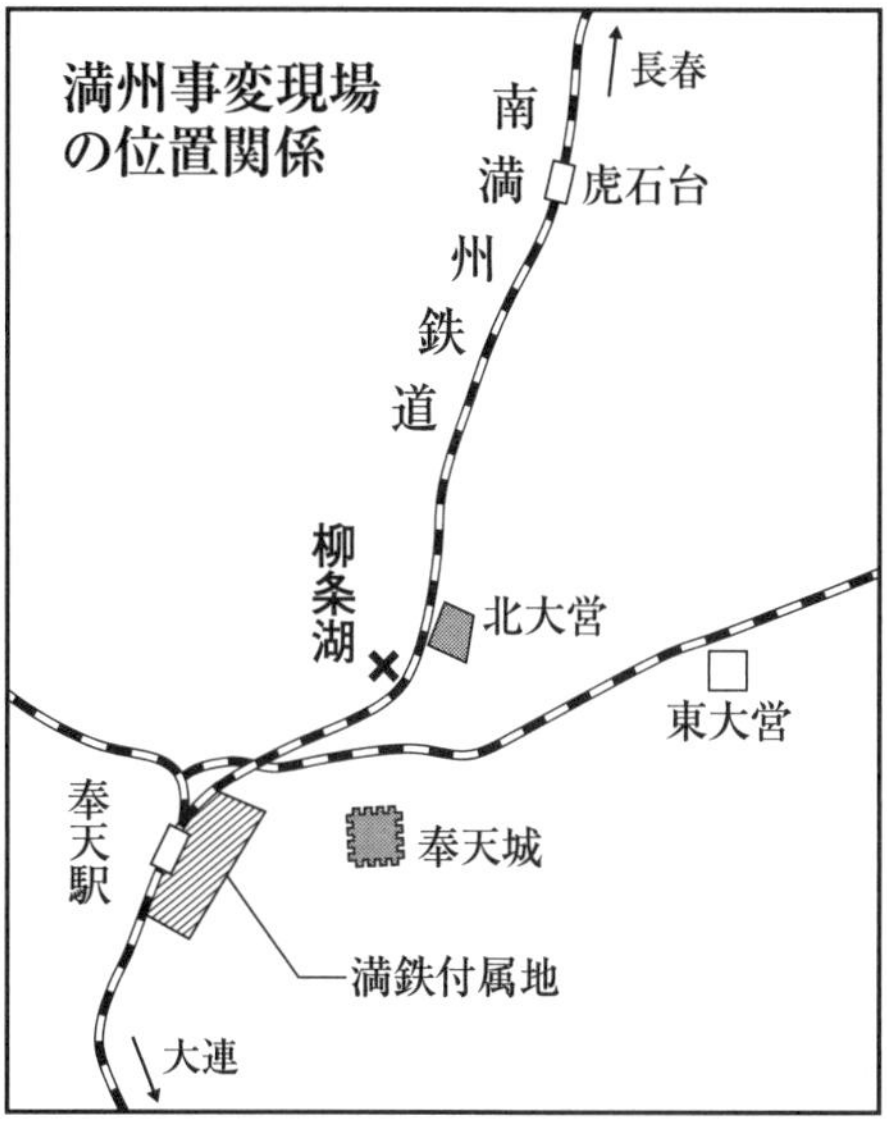

満州事変現場の位置関係

こうして準備を完了した後、三一年9月18日夜の10時半ごろ、関東軍の爆破チームは奉天駅の北方、中国軍の兵営（北大営）からほど近い（南へ六、七百メートル）の地点「柳条湖」で満鉄の線路を爆破したのです。爆破といっても、中国軍から攻撃されたという口実を作ればいいだけのことですから、自国の鉄道である満鉄線路の爆破は申しわけ程度のものにすぎませんでした。

当時の関東軍の司令部は「関東州」の旅順に置かれています。その司令部で、爆破からわずか一時間半後の午前零時、本庄繁《ほんじょうしげる》・関東軍司令官は「暴戻《ぼうれい》なる支那軍が満鉄線を爆破し、わが鉄道守備隊を襲撃した」として、「全線全関東軍出動、奉天軍攻撃」の命令を下したのでした。

奉天の現地では、独立守備隊が北大営を、第二師団歩兵連隊がただちに奉天城の攻撃にかかり、前記の巨砲も性能を発揮して、19日午前6時までには北大営も奉天城も日本軍が占領したのです。この日本軍の謀略による奇襲攻撃から始まった戦争を、日本では「満州事変」、中国では「九・一八事変」と呼びます。

奉天を占領した関東軍はつづいて長春、さらに吉林を占領します。その時、北平で病気療養中だった張学良は、戦火の拡大を避けるため全軍に不抵抗・撤退を命じるのですが、そのこともあって関東軍の軍事行動は拡大の一途をたどり、翌三二年2月にはハルビンを占領して、わずか五カ月で広大な満州全域を制圧したのです。

その翌3月1日、「満州国」の成立が宣言されます。9日、清朝最後の皇帝で天津《てんしん》に住んでいた溥儀《ふぎ》が、関東軍によって執政の地位にすえられます。六歳で清国皇帝を退位した溥儀は、このとき二六歳になっていました。二年後には「満州国皇帝」となります。

執政に就任した翌日、溥儀から本庄・関東軍司令官にあてた手紙があります。こう書かれていました。

――満州国の国防と治安はいっさいを貴国の軍隊（つまり関東軍）にゆだね、その経費は満州国が負担し、鉄道はじめ貴国軍隊が必要とする施設は極力これを援助します。また中央・地方の役所の要職には貴国の人材を採用しますが、その選任は貴軍司令官の推薦にお任せし、解職は同司令官の同意が必要といたします。

「満州国」はまさに「関東軍の傀儡《かいらい》国家」としてつくられ、以後、実質的に日本の植民地となってゆくのです。

関東軍はなぜこの謀略事件を仕掛けたのか

さて、そこで結論です。

関東軍は、どうして自国の鉄道を爆破するという謀略事件を引き起こしたのでしょうか。目的は、満州を日本の支配下に置くためです。

しかし目下《もっか》の満州は、父を日本軍に殺された張学良が、政治的・軍事的に支配しています。しかも彼は、満州も「中華民国」に所属し、自分もまたその軍も「国民政府」の統轄下にあることを宣言しました。

したがって、満州を奪い取るためには、まず張学良を打倒しなければなりません。打倒するとは、もちろん軍事力で圧倒するということです。

しかし、かんじんの関東軍は、北京条約によってその行動範囲を制限されています。埼玉県ほどの「関東州」と、満鉄沿線の幅六二メートルのベルト状の土地の中だけしか、関東軍は自由に動くことはできないのです。

何とかして、この制限を突破しなくてはなりません。しかし下手に動けば、国際連盟で大問題となります。また日本軍内部でも、部隊が国外（条約外の地を含む）に出動するときは、奉勅《ほうちょく》命令（参謀総長が天皇の命令を受けて出す命令）の受領が必要だとの内規がありました。勝手な出動は、天皇の命令にそむくことになります。

そこで考えたのが「敵からの攻撃」です。敵からの攻撃に対する反撃は、「正当防衛」として認められるでしょう。

そこで、「敵からの攻撃」として仕組んだのが、中国軍の兵営（北大営）からすぐ近くの柳条湖という地点を選んでの満鉄線路爆破だったのです。計画は、関東軍の石原莞爾《かんじ》・参謀が立案し、板垣征四郎・高級参謀が推進して実行されたことが知られています。

＊

「関東州」と満鉄沿線での日本軍の駐留は、日本がロシアから譲渡され、それを清国に強制して承認させたものだとはいえ、一応「条約」によって認められたものでした。この点は、田母神氏の言うとおりです。

しかし、満州事変はどうでしょうか。関東軍は、自分の手で線路を爆破しておいて、それを中国軍のしわざだと宣伝し、中国軍が日本の鉄道守備隊を攻撃してきたという虚構をでっちあげて、条約で定められた区域から飛び出し、就眠中だった中国軍にいっせいに襲いかかったのです。

今ではどの教科書にも書いてあるこの歴史的事実を、田母神氏はどう説明するのでしょうか。それでもやはり、「日本は……相手国の了承を得ないで一方的に軍を進めたことはない」と言うのでしょうか？

7　第一次世界大戦での中国出兵（一九一四年）とシベリア出兵（一九一九〜二二年）

一九〇五年の日露戦争から三一年の満州事変まで、この四半世紀の間にも日本は二度ほど大きな出兵を行ないました。明治から大正に代わってまもなく勃発した第一次世界大戦（一九一四〜一八年＝大正3〜7年）での中国出兵と、大戦の末期から戦後にかけてのシベリア出兵です。

第一次世界大戦の勃発

一九一四年の当時、オーストリア＝ハンガリー二重帝国（ハプスブルク帝国）は、ヨーロッパの中央から東部にかけて広がる多民族国家でした。現在のオーストリア、ハンガリーを中心に、チェコ、スロバキア、ポーランド、ウクライナ、ルーマニア、クロアチア、ボスニア・ヘルツェゴビナなどに広がる帝国です。

この年6月28日、ボスニアで行なわれたハプスブルク帝国の陸軍大演習を視察するため、帝国の皇太子夫妻がこの地を訪れました。ボスニア・ヘルツェゴビナは今もそうですが、セルビア人、クロアチア人、ムスリム（イスラム教徒）が共存している地域です。このボスニア・ヘルツェゴビナを、実は六年前の一九〇八年、ハプスブルク帝国は自国に「併合」していました。日本による韓国「併合」がそうであったように、当然、激しい反発が起こります。さっそく「青年ボスニア」という民族組織が、また隣接するセルビア王国内には「黒い手」と呼ばれる反ハプスブルクのテロ組織が結成されました。そうしたなか、皇太子夫妻はこの地を訪れたのです。

視察を終えボスニアの首都サラエボに入った皇太子夫妻を、二人の若いセルビア民族主義者が二度にわたって襲います。一度目の爆弾による暗殺は難を逃れましたが、二度目の銃撃が夫妻の命を奪いました。

一カ月後の7月28日、ハプスブルク帝国はセルビア王国に対して宣戦を通告しました。セルビアの背後には、同じスラブ人の大国、ロシアがついています。ロシアは、フランス、イギリスと三国協商の関係にあります。一方、ハプスブルク帝国の後ろには四〇年来の同盟国で、同じ言語を使う軍事大国、ドイツ帝国が構えています。

戦争に向かって動員を開始したロシアに対し、8月1日、ドイツは宣戦布告、3日にはフランスにも宣戦、そのフランスに侵攻するためドイツ軍がベルギーに殺到したのを見て、4日、イギリスも参戦しました。ここに、ヨーロッパの帝国主義諸国が二つに分かれて真正面からぶつかり合う大戦争が始まったのです。

日本はどうして欧州の戦争に「参戦」したのか

イギリスが参戦して三日目の8月7日、イギリスから日本に対し、対独戦への協力の要請が届きました。中国・山東半島の南岸・膠州《こうしゅう》湾の青島《チンタオ》を根拠地とするドイツの東洋艦隊がイギリスの商船をおびやかしているので、これを撃破してほしいというのです。

当時、日本はイギリスと三回目の日英同盟協約を結んでいます（一回目は日露開戦二年前の一九〇二年、二回目はポーツマス条約締結交渉時の〇五年8月、三回目が一一年）。それで、日本が第一次大戦に参戦したのは日英同盟による、とよく言われます。山川出版社の教科書『詳説 日本史』も「第2次大隈内閣は、日英同盟を理由にドイツに宣戦し」と書いています。

しかし日英同盟協約には、ヨーロッパの戦争に日本が参戦すべき義務があるとは書かれていません。その前文には、

「東亜（東アジア）及びインドの地域における平和を確保すること」

「東亜及びインドにおける両国の領土権を保持し、両国の特殊利益を防護すること」

がこの同盟の目的だと書かれ、その領土権や特殊利益が害される事態が生じたときは協力し合う（協同戦闘にも当たる）となっています。つまり、同盟の前提とされている地域は、東アジアとイギリスの植民地だったインドに限定されており、それ以外の地域――たとえばヨーロッパな

どは含まれていないのです。

したがって、当時の大隈内閣の加藤高明外相も、イギリスからの要請を受けての緊急閣議で、「日本は今日、同盟条約の義務によって参戦せねばならぬ立場にはいない」と言明し、しかし英国とのつきあいということもあるし、何よりもドイツの根拠地を東洋から一掃するいい機会だから、参戦したいと述べたのです（こうした事実を受けて、三省堂の教科書『日本史Ｂ』は「日英同盟協約を口実にいち早く参戦した」〈傍線は筆者〉と書いています）。

翌８日、日本政府は参戦を決定、ドイツの東洋艦隊を撃破するとともに、青島をはじめドイツが租借していた膠州湾一帯や、青島から省都・済南《さいなん》まで山東省を横断する鉄道などを制圧する方針を決めます。ドイツが持っている山東の権益を、この機会にそっくりいただこうというのです。

それを知って、こんどはイギリスがあわてます。中国をめぐる勢力圏のバランスが日本に大きくかたむくのを恐れたイギリスは、日本への協力要請を取り消してきました。しかし日本は、戦闘区域を限定するのを条件に、参戦の意思を押し通します。

一方、中国は「局外中立」を宣言、戦争に巻き込まれるのを防止しようとします。そしてドイツも、日本の動きを察知して、膠州湾の租借地をいったん中国に返還し、戦争が終わった後に再度租借するという方向で中国との交渉に入ります。

こうした動きを知った日本が、もはや猶予はできないとドイツに宣戦布告したのが８月23日です。ただちに第一艦隊は南太平洋にいたドイツ東洋艦隊を撃滅するために出動し、第二艦隊は27

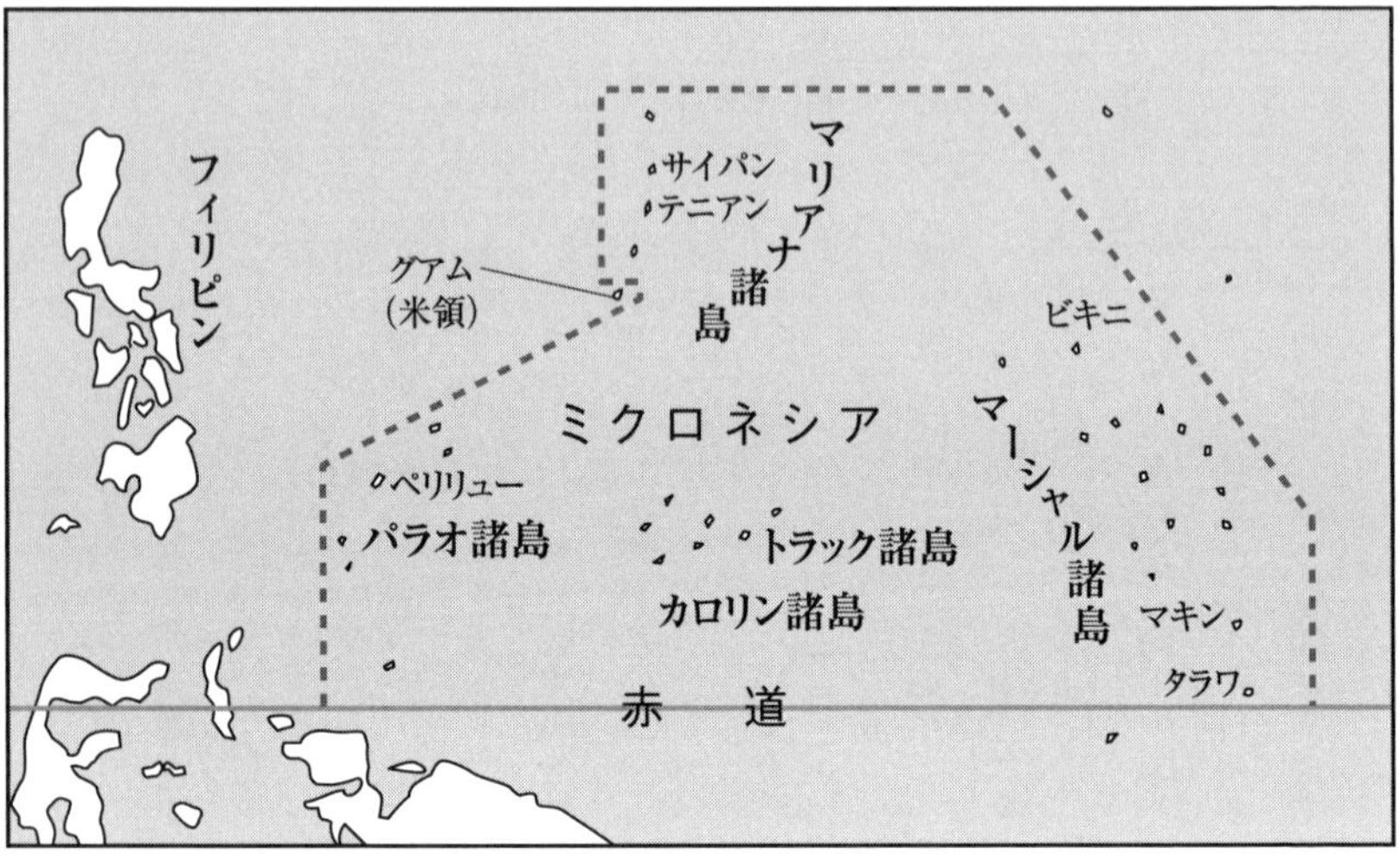

第一次大戦で日本がドイツから奪って委任統治領とした「南洋群島」

日に膠州湾を封鎖、陸軍部隊は山東半島の膠州湾とは反対側の渤海側から上陸、半島を横切って青島に攻撃をかけます。

ドイツの守備隊は正規軍が千六百名、アジア各地から参集した予備役軍人を加えても五千名程度だったといいますが、孤立したドイツ軍が、兵力・弾薬をいくらでもつぎ込める日本軍に対抗できるはずはなく、二カ月間持ちこたえたすえ、11月初めに降伏、四千七百名ものドイツ兵が捕虜となります。日本軍はこの捕虜たちを日本各地の収容所に移す一方、膠州湾、青島、膠済《こうさい》鉄道全線を占領して、山東での日独戦は終わりました。

占領後、日本陸軍は青島守備軍を置き、海軍は青島要港部を設けました。中国への返還などは毛頭考えていないという意思表示です。一方、南下した第一艦隊は、ドイツ領だったマーシャル、マリアナ、カロリン諸島を占領、日本の支配領域を一挙に拡大したのです。

二一カ条要求と「国恥《こくち》記念日」

山東半島を制圧した日本は、間をおかず、翌一九一五年1月、中国に五号二一カ条からなる要求を突きつけます。当時の中国は、辛亥革命・中華民国樹立からまだ実質三年、袁世凱《えんせいがい》が大総統として独裁権力をふるっていました。二一カ条要求の内容は次のようなものです。

第一号――山東半島でドイツが持っていた権益は日本が譲り受け、さらに新たな鉄道の敷設権を認める。

第二号――あと八年で期限切れとなる、ロシアから受け継いだ旅順、大連の租借権と満鉄支線の管理権等を九九年ずつ延長する。あわせて、南満州と内蒙古において日本人に土地の取得・所有・賃借権、自由往来権・不動産取得権・鉱山採掘権等を認める。

第三号――鉄鋼コンビナート・漢冶萍《かんやびょう》煤鉄公司を日中両国の合弁とする。

第四号――中国沿岸の港湾と島を、中国は他国に譲与・貸与しない。

これだけでも中国の主権を無視して余りある要求でしたが、最後の第五号の要求は――さすがに「希望条項」という留保をつけてはいましたが――まさに勝手放題、中国をまるごと日本の植民地化しようとしていると見なされても否定できない要求でした。

■中央政府の政治・財政・軍事の顧問として、有力日本人を招く。
■必要な地方の警察を日中合同とするか、または警察官庁に日本人を採用する。
■日本から兵器の供給を受けるか、日中合弁の兵器廠を設立する。
■華中・華南にも日本の鉄道敷設権を認める。
■福建省の鉄道・港湾施設については日本資本の優先権を認める。

この第五号を含む二一カ条要求に対し、アメリカでは、日本は中国を事実上日本の属国にしようとしていると非難の声が上がったといいます。二一カ条要求は、まさに属国化要求でした。当然、中国では抗日・排日の世論が沸騰し、袁世凱政府も容易に譲歩せず、交渉は二〇回をこえました。

中国は、この日本の属国化要求に対し、列強諸国が干渉してくるのを期待しましたが、ヨーロッパでの激化する戦局の対応に追われた諸国にその余裕はありませんでした。それどころか英、仏、露三国の公使は、日本と抗争するのは賢明ではないと袁世凱に忠告さえしたのです。

そうした中、日本は青島の守備隊に加えて、さらに新たに編成した守備隊を送り、中国に無言の圧力を加えました。日本軍がドイツ軍を破って、まだいくらも日数はたっていません。銃身がまだ余熱を保っている上に、さらに兵力を倍加したその圧力は、袁世凱にとって十分すぎるリアリティーをもって迫ってきたでしょう。

それでも譲歩しない中国に、日本は5月7日、第五号を削除し、若干の修正を行なった最終案を、回答期限を5月9日と指定した「最後通牒」として中国側に手渡しました。これを拒否すれば武力に訴える、という最後通告です。

7日、袁世凱政府はこれを受け取り、9日に受諾しました。このためその後、中国では5月7日と9日は「国恥《こくち》記念日」とされ、毎年「国恥を忘れるな」をスローガンにデモや集会が行なわれるようになりました。自国民の愛国心について語る人は、この「国恥」という二字に込められた胸を刺す痛みを、一度は中国人の立場で想像してみる必要があるでしょう。

駆逐艦艦隊の地中海派遣と欧米列強の承認

ヨーロッパの戦争は、ドイツ・フランス国境の西部戦線で塹壕《ざんごう》戦となり膠着《こうちゃく》しました。一方、海洋では、イギリス海軍によって海上を封鎖されたドイツが、一九一七年2月、ついに軍艦だけでなく一般の商船に対しても無差別に攻撃・撃沈する無制限潜水艦戦を宣言します。

これを受けて、連合国から日本に対し、輸送船団の護衛のための駆逐艦の派遣が要請されてきました。日本の駆逐艦は、広い太平洋での活動を考えて遠洋作戦に耐えられるよう、航続力を重視して建造されています。２月、日本海軍は駆逐艦による特務艦隊を編成、地中海へ向かい、そこでその性能を発揮しました。

この駆逐艦派遣と引き換えに、日本はイギリスと秘密協定を結びます。前にもふれたように、ドイツは広大な太平洋に点在する島嶼《とうしょ》を領有していました。一九世紀末、ドイツがスペインから購入したものです。その太平洋の島々を赤道で分け、以南についてはイギリスの要求を、以北については日本の要求を、互いに認めることとし、あわせて山東のドイツの権益を日本が引き継ぐことをイギリスが認めるという協定でした。

つづいて翌３月には、フランス、ロシア、イタリアからもイギリスとの秘密協定と同様の保証を得ました。

ドイツの無制限潜水艦戦の宣言に対して、アメリカもただちに国交を断絶、４月にはドイツに宣戦します。そのアメリカに連合国の特派使節として渡った日本の石井菊次郎外相は、ランシング国務長官と会談、中国に関して「石井・ランシング協定」を結びました。この年11月初めのことです。

――アメリカは日本が中国において特殊権益を有することを認める。あわせて、両国は中国の領土保全と門戸開放・機会均等の主義を支持する。

という内容でした。日本の「特殊権益」が何を指すのか、具体的には明らかにしないままでしたが、日本はこれでアメリカが中国での日本の権益を認めてくれたものと解釈し、アメリカは中国に関する「門戸開放・機会均等」の従来の主張を再確認できたと見たのです。

ともあれこのようにして、欧米列強が国力を消耗して戦っている間に、日本は漁夫の利を得て、中国と太平洋にその支配権を拡大していったのです。

ロシア革命とシベリア出兵

同じ一九一七年11月、大戦のさなか、文字どおり世界史的な事件が起こりました。ロシア社会主義革命です。「すべての権力をソビエト（労働者・兵士代表会議）へ！」をスローガンにした武装蜂起により、11月7日、ソビエト政権が樹立されました。

その夜に開かれたソビエト大会は、無併合・無賠償の即時講和を呼びかけ、地主の土地の没収、労働者による工場管理、銀行の国有化、民族自決などを宣言します。

工場や農場などの生産手段を社会化することによって、資本家による搾取をなくそうという社会主義運動は、一九世紀の後半からヨーロッパ先進諸国に広がっていました。当時の西欧諸国の経済体制は、現在もそうですが資本主義体制です。社会主義は、労働者階級の団結力によりその資本主義を打倒して実現するものとされます。したがって、社会主義運動は資本主義の最大の敵として、どの国でもきびしく弾圧されてきました。

ところが、その社会主義の国が、思いがけずロシアの地に現実に誕生したのです。当然、欧米各国の政治指導者たちはその影響が自国にも波及してくることを恐れます。その懸念から各国は、生まれたばかりのソビエト政権に対して軍事干渉してゆくことになります。

翌一八年3月、ソビエト政府は多大な犠牲を払ってドイツ・オーストリアとブレスト・リトフスクでの単独講和条約を締結、大戦から手を引きました。しかしその後も、凄惨な内戦を続けることになります。

それまでのロシアは、ロマノフ王朝を中心に貴族（大地主）の支配する国でした。ニコライ二世一家は断絶させられたものの、残る貴族の勢力はまだ強大です。同じ革命派の中にも、レーニンの指導するグループ（後のロシア共産党）と対立する党派もありました。モスクワほか中心都市を占拠したに過ぎないソビエト政権は、広大なロシアの各地に根を張ったさまざまの勢力と戦い続けなくてはなりませんでした。その一つに、「チェコ軍団」があったのです。

日本の出兵兵力は米英仏の10倍、期間も3倍

ハプスブルク帝国に支配されてきたチェコ人たちは、独立をめざしてひそかに運動を続けてきていました。大戦が始まり、オーストリア軍に組み込まれてロシアとの東部戦線に送られたチェコ人兵士たちは、これをチャンスと見て軍を脱走、あるいは故意にロシア軍に投降して戦線を離脱、逆にロシア軍の側についてオーストリア軍と戦います。そうしたチェコ人兵士は数万に達し、

「チェコ軍団」に編成されていました。

ところが一九一八年3月、前述のようにソビエト政府はドイツ・オーストリアと講和条約を締結します。チェコ軍団は、もはやロシアにいてはオーストリアと戦えなくなりました。そこでチェコ軍団は、シベリアを経由してフランス側の西部戦線に移動しようとします。ところがそのチェコ軍団に対して、5月、ソビエト政府は武装解除を命じました。それを拒否して、チェコ軍団は西シベリアを占拠し、反ソビエトの拠点を構えたのです。

この事件が、生まれたての社会主義政権に対する軍事干渉の機会をねらっていた英、仏、米、そして日本に、絶好の口実となりました。「チェコ軍団の救援」を名目に、7月初め、英仏軍五千八百人がロシアの西北端、フィンランドとの国境に近い、バレンツ海に面したムルマンスクから上陸、あわせてアメリカと日本に対しシベリアへの出兵を要請しました。

これに対し、以前からシベリア出兵を画策していた日本は直ちに応じますが、アメリカは日本の勢力圏拡大を警戒し、出兵する兵力を日米ともに七千とし、出兵の地域もウラジオストクに限定することを求めます。協議の結果、アメリカ軍七千、日本軍は一万二千として、8月、ウラジオストクに共同出兵したのでした。

ところが日本は、その後もさらに後続部隊を続々と派兵してゆくのです。アメリカとの協議に、必要な場合にはウラジオ以外への出動や増援も行なう、と抜け道を設けていたからです。

日本軍は、9月中旬までにウラジオからウスリー川をさかのぼったハバロフスクや、バイカル湖に近いチタを占領、10月末にはその数は七万二千、当初規定の六倍にふくれあがりました。

こうして出兵からわずか二カ月でバイカル湖以東を制圧した日本軍でしたが、その後はソビエト軍（赤軍）のゲリラ戦に悩まされることになります。この赤軍のゲリラ（パルチザン）を日本では「過激派」と呼びましたが、住民の中に溶け込んだゲリラを殲滅することがいかに困難かは、今日のイラクやアフガニスタンでの米軍の立ち往生状態に見るとおりです。

一九二〇年初頭までに、ソビエト政権は国内の反革命派に対する武力鎮圧をほぼ完了しました。チェコ軍団のシベリアからの移動も実現しました。このことを理由に、アメリカはこの年1月、シベリア撤兵を声明、イギリス、フランスもこれに続きました。日本も当然、行動を共にすべきだったでしょう。ところが日本政府は、こんどは「ソビエト政権の成立は満州・朝鮮への脅威となり、居留民の安全が保てない」と派兵理由を変更して、以後も駐兵を続けることを宣言したのです。

こうした中、この年2月、サハリン（樺太）の対岸にあるニコライエフスクで、日本軍守備隊と居留民あわせて七百名が、休戦協定を結んでいたにもかかわらず、四千人の赤軍に包囲されて全滅させられるという事件が起こります。「尼港《にこう》事件」と呼ばれました。どちらが先に協定を破ったか、日ソの主張は対立していますが、日本では赤軍の残虐さを物語る事件として大きく報道されました。

しかし翌年の国会で、前にも外相としての大戦勃発時の発言を紹介した当時の憲政会総裁、加藤高明（三年後に首相となる）は、こう発言しています。

――私は過激主義を絶対に排斥する。だがこの事件は、理由のない駐兵をつづけ、万一の事変にそなえる準備をなさずに軍隊を危地にさらしたことにともなう自然の出来事である。理由のない駐兵をやめ、シベリアから撤兵すべきである（以上、今井清一『日本の歴史　23』中央公論社を参照）。

日本は結局、一九二二（大正11）年6月になって、やっとシベリア派遣軍撤兵の声明を発表、10月にむなしく撤兵を完了するのです。

「相手国の了承」など問題外だった二つの出兵

以上が、第一次大戦での中国・山東への出兵とシベリア出兵のあらましです。

では、この二つの出兵は、はたして田母神氏の言うとおり「相手国の了承を得」て「軍を進めた」ものだったでしょうか。

たしかに大戦が始まってまもなく、日本はイギリスからドイツ東洋艦隊攻撃の協力を求められました。しかし日本が山東に出兵し、そこでのドイツの権益を横取りする方針を決めたことを知って、イギリスはあわてて協力依頼を断わってきます。それを無視して日本は出兵を決行、膠州湾の租借権ほかドイツが得ていた権益をそっくり自分のものにしたのです。

山東半島は、もちろん中国の領土です。その一部を租借しようとするならば、当然、持ち主である中国政府の承諾を得なければならないでしょう。ところがそれはやらないで、これまで借りていたドイツは追っ払ったから、これからはわが方が使うぜ、と一方的に通告したのです。

山東への出兵も、その後のドイツ権益の横取りも、中国の「了承を得」てどころか、頭から無視してやったのです。

しかし、これだけではさすがに国際的に通用しないので、翌年、「二一カ条要求」を中国に突きつけ、その第一号で、山東省のドイツの権益は日本が譲り受けることを認めよ、と迫り、それを受諾させることによって、前年の略奪行為を「合法化」したのでした。

次に、シベリア出兵はどうでしょうか。

「相手国の了承」など問題外であることは、改めて言うまでもないでしょう。資本主義諸国である連合国による出兵策そのものが生まれたての社会主義政権への軍事干渉、つまり侵略行為でしたし、日本の場合はそれに乗じて、あわよくば北満州からシベリア、沿海州へも勢力圏を拡大しようというねらいを含んでの出兵でした。だからこそ、（地の利もあり、ヨーロッパの戦線には軍を送っていなかったということもありましたが）他国の一〇倍もの兵力を投じ、他国が引き揚げた後も三年もぐずぐずと居残ったのです。そのため損害も大きく、「この出兵に要した戦費は10億円に達し、3000人の死者と2万人以上の負傷者を出した」と教科書『詳説 日本史』も書いています。

シベリア出兵の先駆的研究書である『シベリア出兵』（一九五五年初版発行、現在、岩波現代文庫）のあとがきで、著者の細谷千博氏はこう書いています。

「シベリア出兵の歴史は、日本軍部にとっては失敗の記録であり、戦前はその研究はいわばタブー視され、この戦争において日本が対外選択面でおかした誤りや軍事行動の醜悪な一面に究明のメスを入れることは、少なかった」

自衛隊員として最高位をきわめた田母神氏ですが、シベリア出兵の史実については、いまなお「戦前並み」だったようです。

8　盧溝橋事件（一九三七年）

日露戦争（一九〇四～五年）につづき、

■第一次世界大戦での中国・山東省出兵（一九一四年）

■大戦末期から戦後にかけてのシベリア出兵（一九一八～二二年）

■満州事変（一九三一年）

とくて、ついに盧溝橋事件から日中全面戦争への突入となります。まず、「事件」のあらましから見てゆくことにします。

盧溝橋事件のてんまつ

事件は、一九三七年7月7日の夜から8日の未明にかけて起こりました。藤原彰『昭和の歴史5　日中全面戦争』（小学館）に、事件の当事者や関係者による手記をもとに事件の経過が客観的に述べてありますので、それを要約して紹介します。

北京（このときは前述のように、国民政府が首都を南京に定めたので「北平《ペーピン》」と改称されていますが、本書では分かりやすさを優先して北京で通します）も中国の他の都市のように城壁で囲まれています。その城壁から西南へ約六キロ、永定河という川が流れ、そこに盧溝橋がかかっています。この別名マルコポーロ橋を西から東に渡ると、そこにはやはり城壁で囲まれた宛平《えんぺい》県城という小都市があり、その城内に中国軍の大隊が駐屯していました。

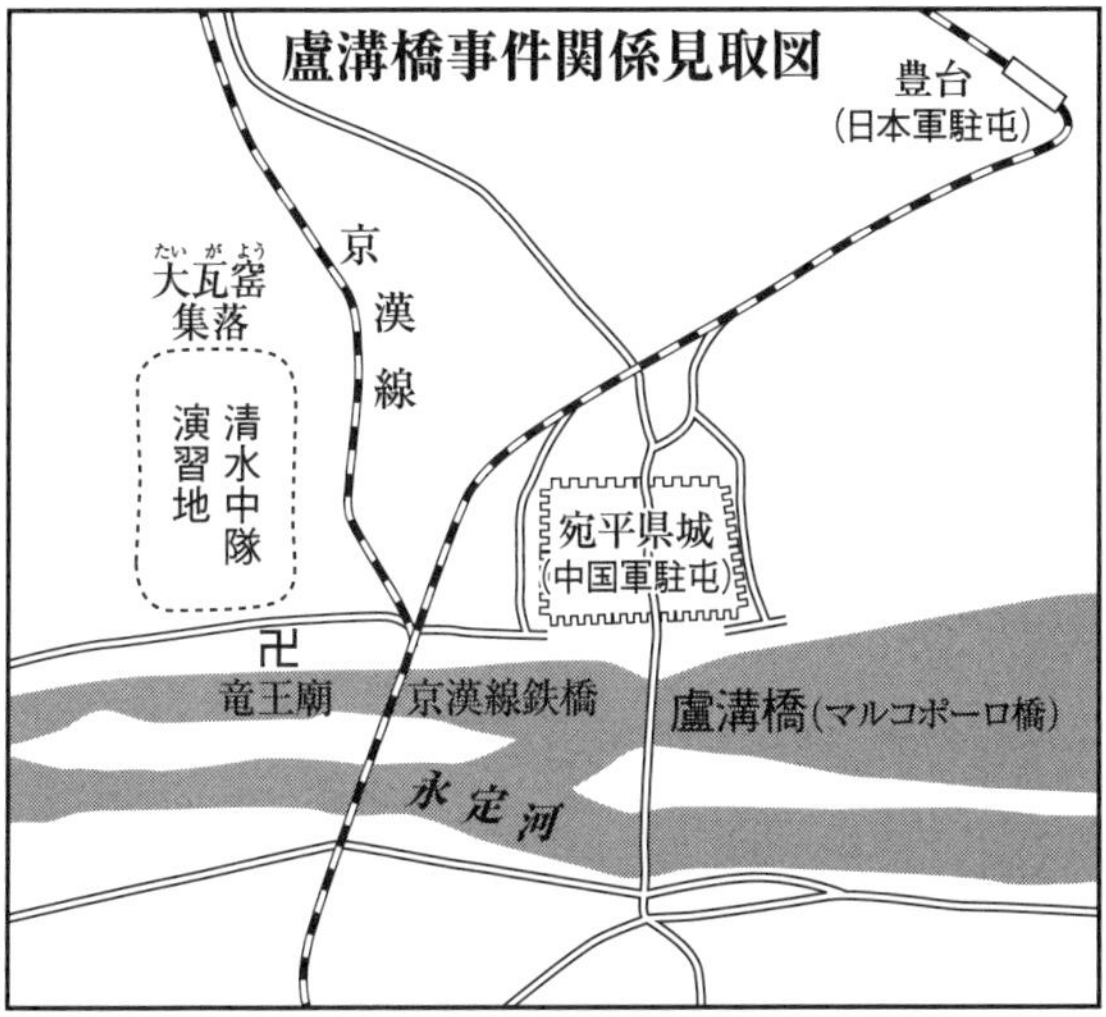

盧溝橋事件関係見取図（藤原彰『日中全面戦争』掲載空撮写真より作図）

この宛平県城から北へ一キロほど離れた、かつては永定河の河床だったらしい、ところどころ背の低い柳の木が生えているだけの小石まじりの荒地を、日本軍は演習地として使っていたのでした。

7月7日夜、清水大尉の指揮する中隊は、「演習地」の永定河と反対側のところに「仮設敵」を設定し、夜間にそこへ接近、夜明けに攻撃するという演習を行なっていました。

夜の10時30分、接敵行動を終えたところで、翌朝の攻撃までいったん演習を中止することにし、そのことを伝えに伝令が仮設敵へ近づいたところ、まだ演習続行中と思っていた仮設敵の二挺の軽機関銃が火を噴いたのです。もちろん、演習用の空砲ですから発射音が響いただけですが、それにしても夜間だけに発射音は周辺に鳴り響いたでしょう。

その直後、南側の堤防から、三発の銃声が聞こえました。同時に清水大尉は、頭上をかすめたピューッという弾丸の飛行音を聞き、実弾だと直感します。ただちに喇叭《らっぱ》手に集合喇叭を吹かせ、中隊を集結させました。その喇叭の音を聞いて、再び堤防上から十数発の銃声が聞こえたといいます。

集合した人員を点検すると、初年兵一名が行方不明となっていました。そこで清水中隊長はその兵一名の失踪と中国軍からの発砲を大隊長に報告、大隊長はそれを北京の連隊長に報告しました。そこで命令が下され、8日午前3時、大隊主力が宛平県城の近くに集結させられます。

この行方不明になった初年兵は、実は20分後に隊に戻っていました。離れたのは、用便のためだったとか、道に迷ったためだとか伝えられていますが、まずかったのは戻ったことがすぐに報告されなかったことです。発砲騒ぎの方は、これまでもときどき起こっていたことでした。

大隊を宛平県城の近くに集結させる一方、日本側の三人の将校が宛平県城の中に入り、中国軍側との事態収拾のための交渉を始めました。このままいけば、何事もなく収まったはずです。ところがそうはならなかった。ぶちこわしたのは、牟田口廉也《むだぐちれんや》連隊長の命令でした。

中国軍側との交渉中、午前3時過ぎ、またも三発の銃声が聞こえました。そこで大隊長が北京

の牟田口連隊長にそれを電話で報告し、処置をたずねたところ、連隊長は、

「敵に撃たれたら撃て！」

と断固たる声で命令したというのです。

この牟田口連隊長はのちに（一九四四年）ビルマから山岳地帯を越えて英軍の拠点のあるインド北東部へ侵攻するインパール作戦を計画・指揮した軍人です。アジア太平洋戦争を通じて最も無謀・愚劣といわれる作戦で、補給を無視した作戦により惨敗、七万人をこえる日本軍将兵の生命がまったく無意味に失われました。雨中を撤退してゆく日本兵は飢えとマラリア、チフス、アメーバ赤痢のために次々と倒れ、その屍体で沿道が埋められた道を、兵士たちは「白骨街道」と呼んだといいます。

盧溝橋事件も、こういういたずらに好戦的・戦闘的でただ声が大きいだけの単細胞の軍人によって、交渉で収まりかけた〝接触事故〟が〝衝突事件〟へと拡大されたのです。

連隊長の命令を受け、午前5時30分、大隊はいっせいに攻撃前進を開始しました。まもなく永定河の東岸を占領、つづいて中洲と西岸にも進出します。当然、中国軍側も反撃、この戦闘により、日本軍側は戦死者八名、負傷者二〇名を出しました。中国軍側も相当の被害が出たことは言うまでもありません。

それでも、宛平城内での現場の当事者による戦闘拡大防止の交渉は続けられました。そこでの日本側の要求が現地の中国軍では判断できないというので、交渉は場所を北京に移して続行され

ます。

この間、事件は当然、東京の参謀本部や陸軍省に伝えられ、そこで激しい議論を巻き起こします。これをチャンスとして中国軍との全面戦争に突入すべきだという強硬論と、現地解決にとどめるべきだとする意見とが正面からぶつかったのです。

皮肉にも、現地解決派の中心人物が、柳条湖での満鉄線路爆破の謀略を演出して満州事変の引き金を引いた、参謀本部作戦部長の石原莞爾《かんじ》少将でした。石原は、いまは「満州国」の建設とソ連に対抗するための軍備の充実が重要であり、中国本土に攻め込めば泥沼に足を踏み入れることになると考えていたのです。ところが石原の部下の同本部作戦課長の武藤章大佐らは、中国軍の抗戦力を軽く見て、この機会に断固一撃を加えれば、国民政府を容易に屈服させることができる、と猛然と主張したのでした。

日本軍内部では拡大派と不拡大派がこのように激しくせめぎあい、一方、中国軍の方にも強い抗戦論があったのですが、北京での日中両軍の交渉の結果、事件から三日たった7月11日午後8時、ついに停戦協定が調印されたのでした。

踏み破った「北京議定書」

以上が盧溝橋事件そのもののてんまつですが、ここで最初に浮かんでくる疑問は、なんでそこに日本軍がいたのか？　ということです。これは、田母神氏が主張していた「日本軍の駐留は条約にもとづく」という問題にも重なります。

では、北京郊外の日本軍は、中国との条約にもとづいて駐留していたのでしょうか。

答えは、イエスです。

では、その条約とはどういう条約だったのか？

先に「義和団戦争」のところで述べた「北京議定書」です（七九ページ）。一九〇一年、義和団戦争の結果、清国と連合国との間で締結されたのがこの条約でした。この議定書で、莫大な賠償金の支払い義務とともに、北京に「公使館区域」を設定してそこに「外国軍隊が駐屯」することと、さらに北京と渤海の海港をつなぐ路線を警備するための「外国軍の駐兵権」を清国に認めさせたのです。ただしその駐留する兵力は、各国軍総計で二〇〇〇人と定められました。

その後、列国司令官会議が開かれ、日本軍は総数一五七〇名が北京、天津《てんしん》のほか、いずれも渤海に面する大沽《タークー》、秦皇島、山海関などに配置されます。天津に司令部を置くこの日本軍は、清国駐屯軍と名づけられましたが、辛亥革命で清国が消滅した後、一九一二年から「支那駐屯軍」と改称されました。

支那駐屯軍の兵員数は、その後多少の変動はありましたが、だいたい当初の規定どおりで推移してきました。一九三五年は、北京駐屯歩兵隊（二個中隊・三〇〇人）、天津駐屯歩兵隊（八個中隊・一二〇〇人）を中心に砲兵、工兵を合わせ一七七一名となっています。

ところがその翌年、盧溝橋事件前年の三六年になると、4月、兵力増強が閣議決定され、支那駐屯軍の兵力は一挙にこれまでの三倍強、五七七四名へと拡大されるのです。と同時に駐屯軍の編成が変えられ、司令部の下に、歩兵旅団、砲兵連隊、戦車隊、騎兵隊、工兵隊、通信隊、憲兵隊を置くことになりました。つまり、これまでは歩兵中心の二個大隊強にすぎなかった支那駐屯軍が、戦車隊や騎兵隊などを加えることにより独力で戦闘を展開できる混成一個旅団相当へと増強されたのです（藤原氏、前掲書を参照）。

当初の日本軍の北京、天津駐留は列国司令官の会議で合意されたものでした。しかし、この駐屯軍の一挙拡大は列国には無断で実行されました。もちろん中国側の意向は無視しての一方的な増強です。

そしてこの兵力増強と編成替えにより、いつでも戦争に突入できる態勢をととのえた支那駐屯軍の一部が、中国軍の駐屯地からわずか一キロしか離れていないところで、夜間、それこそ実戦さながらの攻撃訓練をやっていたのです。

日本軍の北京近郊駐留は、たしかに条約（北京議定書）にもとづくものでした。

では、その条約はきちんと守られたでしょうか。

答えは、ノーです。

あの日清戦争での済物浦《チェムルポ》（さいもっぽ）条約の拡大解釈を思い出します。条約では、ソウルの公使館警護のため「兵員若干」が駐兵することができるとあったのを、勝手に数十倍に拡大、清国との戦争をめざして四千人もの兵力を朝鮮に送り込んだのでした。

盧溝橋事件直前のこの兵力増強も同じです。もとは、公使館区域の警護と、北京からの海への交通路の警備のため一五〇〇名前後の駐留が認められただけだったのに、無断で三倍にも増員した上、その戦力も「警備」の域をはるかに超えた混成旅団規模へと増強したのです。つまり、条約の規定では「警備」のためだった軍が、突如、戦争をするための軍に化けたのです。

こうして日本は、今回もまた、「庇《ひさし》を借りて母屋《おもや》を乗っ取る」手法を使ったのでした。

「第二の満州国」づくりを目指した華北分離工作

先に述べたように、盧溝橋事件そのものは、現地の日中両軍関係者の懸命の交渉で、7月11日、停戦協定が調印されました。ところが、それから二週間あまりたった7月28日、日本軍は中国軍への総攻撃を開始、全面戦争に突入してゆくのです。

どうして、そんなことになったのでしょうか。

理由は、日本（軍）は、すでに六年前の満州事変後から、直接には二年前の一九三五年から、蒋介石の国民政府を逃れようのない袋小路へと追いつめ、同時に自らをも中国との戦争必至の段階へと追い込んでいたからです。つまり日本軍は、二年前から〝戦争への助走〟を開始していた

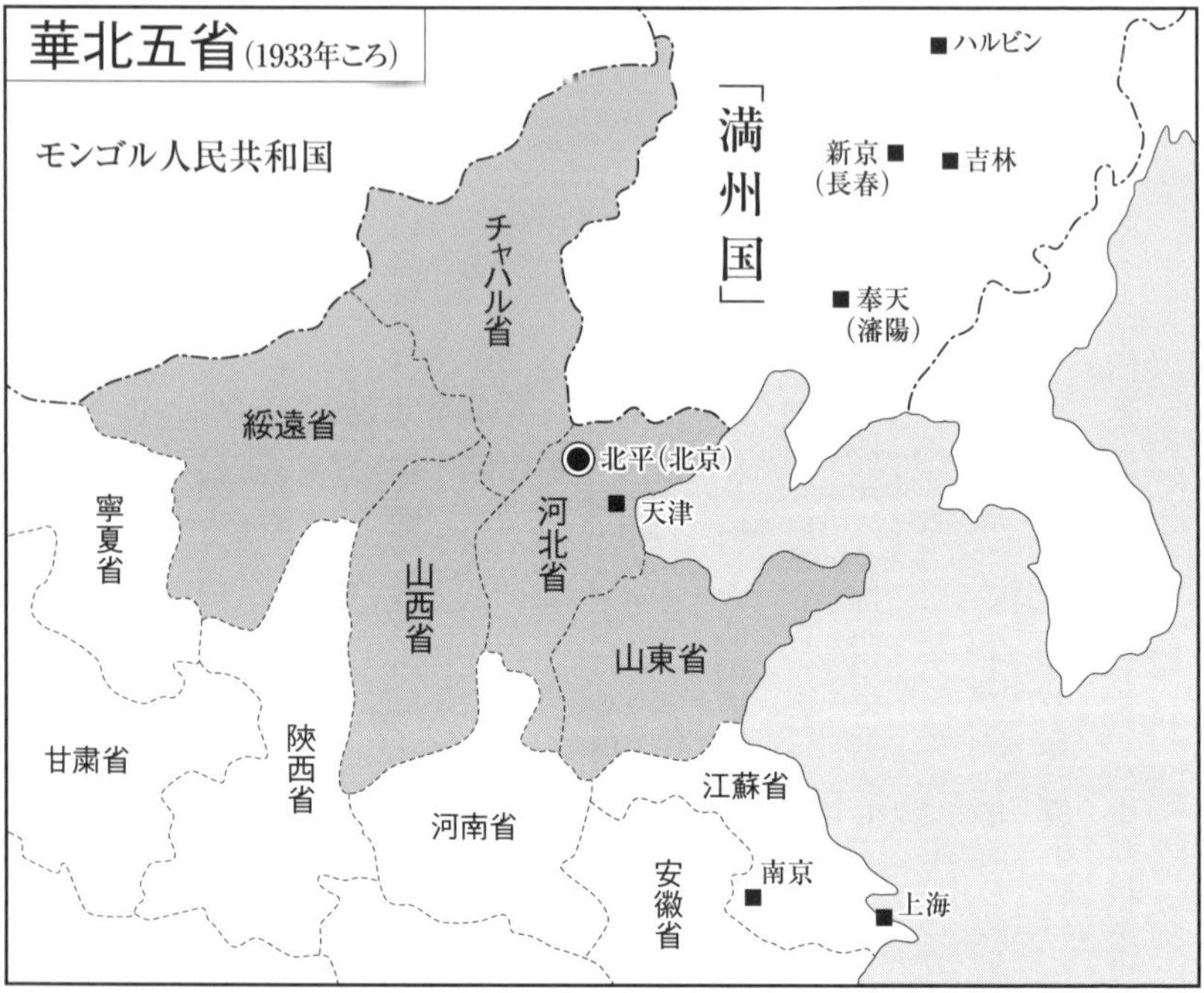

のです。

中国の「満州国」に隣接する地方を、華北《かほく》といいます。当時の日本は「華北五省」という言い方をしました。河北、山東、山西、チャハル（察哈爾）、綏遠《すいえん》の五省です（地図参照）。

一八九〇（明治23）年の第一回帝国議会で、首相・山県有朋が「主権線」「利益線」論を展開したことは前に述べました（八六ページ）。山県のいう当時の「主権線」は対馬で、「利益線」は朝鮮でした。その朝鮮を手に入れると、「利益線」は満州へと移りました。そしてその満州を実質的な植民地にすると、次に「利益線」は華北五省へと伸びたのです。

華北五省を押さえるために、日本軍は傀儡《かいらい》政権を立てるという手法を用いました。華北の地に「第二の満州国」をつくって、中国から華北を分離しようというわけです。

一九三五（昭和10）年6月10日、旅団規模に増強された支那駐屯軍の司令官・梅津美治郎《うめづよしじろう》は、国民政府の華北の責任者の何応欽《かおうきん》に迫って「梅津・何応欽協定」を結ばせました。内容は、国民党の党組織と軍を河北省から引き揚げさせるというものです。

次いで同じ6月の27日、関東軍の奉天（現・瀋陽）特務機関の土肥原賢二《どいはらけんじ》少将とチャハル省の主席代理・秦徳純の間で「土肥原・秦徳純協定」を結びます。特務機関とは、日本軍の諜報・治安・政治工作を担当する機関で、いわば米国のＣＩＡに当たるものです。協定の内容は、河北省の場合と同様、チャハル省内から国民党の機関と軍を撤退させるというものでした。

この年11月25日には、河北省の東部に親日派の殷汝耕《いんじょこう》が主席となって、関東軍の後押しにより「冀東《きとう》防共自治委員会」を結成、国民政府からの離脱を宣言しました。「冀《き》」とは河北省の別称です。この「委員会」は一カ月後の12月には「冀東防共自治政府」と改称、名実ともに関東軍の傀儡《かいらい》政府となります。

この冀東＝河北省北部はこの後、日本軍の華北工作の拠点となりますが、同時にこの地より国民政府の機関がいっさい消えたことから密貿易の天国となりました。関税を払わない日本商品が、軍の保護のもとに公然と流れ込み、中国の民族産業に打撃を与えました。密輸品の中には「満州国」でつくられたアヘンが大量に含まれており、日本軍は莫大な利益を手にしたといいます。

華北分離工作とあわせて、内モンゴルに対しても関東軍による「独立」工作がすすめられます。その結果、翌一九三六（昭和11）年5月には、デムチュクドンロブ（徳王）を主席とする「内蒙軍政府」がつくられました。

抗日運動の広がりと「西安事件」

こうして日本軍によって強行される「第二の満州国」づくりに対しては、当然、中国民衆の間から激しい抗議・反対の運動が巻き起こりました。まず立ち上がったのは、一九一九年の日本の二一カ条要求に対して抗議・反対した五・四運動のときと同様、北京の学生たちでした。三五年12月、酷寒の中、五千人の学生が「日本帝国主義打倒」「全国が武装して華北を守れ」と叫びながらデモ行進をしたといいます。そのデモ隊の中心は、満州の奉天を追われて北京に移ってきた東北大学の学生たちでした。その一週間後に開かれた大衆集会には市民数万人も参加し、「華北のいかなる傀儡《かいらい》組織にも反対する」「東北の失地を回復せよ」などの決議を採択したのでした（前掲、小島・丸山『中国近現代史』、以下も同）。

翌一九三六年に入り、抗日の運動は全国に広がり、各地でデモ、集会が行なわれました。5月には全国の運動組織が結集した「各界救国連合会」が結成され、「内戦停止、一致抗日」を決議しました。

第一次国共合作が崩壊した後（本書九九ページ）、蒋介石の率いる国民党と毛沢東の共産党とは激しい内戦を続けてきました。共産党はいくつかの解放区を築き、それを根拠地に戦いますが、兵力で圧倒的な優位に立つ国民党軍によって追いつめられます。そこで、全滅をまぬかれ、態勢をたてなおすため、華南の瑞金《ずいきん》を出て西部の山岳地帯を大きく迂回し、華北の延安《えんあん》まで、実に一万二千キロの大移動を決行するのです。一八の山脈を越え、一七の大河を渡ったという、一九三四年10月からまる一年をかけたこの苦難の行軍は、「長征《ちょうせい》」と呼ばれます。

この長征のさなか、三五年8月1日、中国共産党は「抗日救国のために全同胞に告げる書」を発表します。これまでの行きがかりや意見・利害の相違をこえて、全中国国民が一致協力して抗日救国のために全力を尽くそう、という訴えです。

この年、ヨーロッパではファシズムの脅威に対して反ファシズム人民戦線運動が提起され、フランスではそれが実現しています（翌年、フランス、スペインで人民戦線内閣が成立）。それに連動して、中国でも、抗日統一戦線の結成が呼びかけられたのでした。

翌三六年2月、中国共産党は、中国人民紅軍抗日先鋒《せんぽう》軍を結成して河北の日本軍と戦うために出発、黄河を渡って山西省西部を占領します。ところが、これに対して、蒋介石はスクラムを組むどころか、国民政府軍一〇個師団を動員して攻撃に出たのです。これに対し共産党軍が反撃すれば、日本軍の目の前で中国の軍どうしが内輪喧嘩で消耗することになります。喜ぶのがだれかは言うまでもありません。

共産党軍は撤退し、あわせて重要な方針転換を行ないます。これまでは蒋介石を「売国賊」として「反蒋抗日」と言ってきたのを、以後は蒋介石の国民党・国民政府軍も参加する統一戦線の結成を直接呼びかけることにしたのです。

この年9月、共産党は全党員に対し「逼蒋抗日《ひっしょう》」を指示します。「逼」は「逼迫《ひっぱく》する（行きづまる、さしせまる）」の逼で、辞書には「せまる、ひしひしと押し寄せる、無理強いする」という意味だとあります。したがって「逼蒋抗日」は、蒋介石にせまって、抗日の方に顔を向けさせる、ということです。

それでも蒋介石は、共産党軍への攻撃を最優先して、日本軍と正面から対決しようとしなかったのですが、三六年12月、思いがけぬ事件が起こります。西安事件です。

当時、蒋介石の指示で陝西《せんせい》省の共産党軍と対峙していたのは、日本軍に爆殺された張作霖の息子・張学良が率いる東北（満州）軍と楊虎城の十七路軍でしたが、どちらも蒋介石の直系の軍ではありません。とくに張学良の東北軍は満州事変で故郷を追われてきたこともあり、将兵の多くが共産党軍との戦いなどより日本軍と戦って故郷へ帰りたいという気持ちを抱いていました。そのため、三六年の前半にはすでに共産党軍とは停戦状態に入っていたのでした。

そのことを知った蒋介石は、東北軍と十七路軍を命令どおり紅軍攻撃に向かわせようと、12月初旬、陝西《せんせい》省・省都の西安に飛びます。ところが、部下の張学良は蒋介石に対し、逆に内戦停止を説いたのです。もちろん、蒋介石ははねつけます。一週間ほど押し問答をつづけた後、12月12日未明、張学良は蒋介石を拘束して監禁し、楊虎城との連名で「内戦停止、抗日救国」を基本とする八項目の要求を発表しました。

蔣介石が拘禁されたということは、その生死が張学良の手ににぎられたということです。当然、国民政府内では激しい議論が起こりました。蔣介石夫人の宋美齢らは和平解決を望みましたが、親日派の何応欽《かおうきん》らは蔣介石が殺されても張学良を討つべきだと主張しました。

こうした議論をよそに、蔣介石は内戦停止を拒絶しつづけました。張学良が自分に反逆したことを、蔣介石は絶対に許すことができなかったのかも知れません。進むことも引くこともできない、この膠着状態を解いたのが、張学良に依頼されてやってきた周恩来ら共産党の幹部です。周恩来らは諄《じゅん》々と説いて蔣介石の説得に成功するとともに、国民政府の宋美齢らと折衝し、張学良たちの要求をほぼ認めることで合意を得ました。

12月25日、蔣介石は合意文書への署名は拒否したものの、「約束は必ず守る」と言明して西安を飛び立つ飛行機に乗り込みました。張学良も、責任を負って、すすんで軍法会議にかけられることを望み、それに同乗しました。

張学良はその後、禁固刑に処せられ、抗日戦の後、国共内戦が再開されるなか、一九四六年、国民政府軍とともに台湾に移り、そこでもさらに半世紀にわたって自宅軟禁状態におかれますが、最晩年はハワイに渡り、ついに故郷・満州に帰ることなく、二〇〇一年、ちょうど一〇〇歳を迎えたところで亡くなりました。

最初から停戦協定を無視していた日本政府と軍

こうして翌一九三七年を迎え、国民党と共産党の間で「第二次国共合作」へ向けての会談が重ねられることになります。「合作」とは「協力」のことですが、これまで長いあいだ互いを敵として戦ってきたどうしが手を組むのですから、そう簡単なことではありません。とくに問題となったのは、紅軍の改編とその指揮権、そして解放区の行政権をどうするかでした。国民党が軍、行政ともに国民政府の下への吸収を主張したのに対して、共産党はあくまで自主独立を望み、それをめぐって話し合いをつづけたのでした。

そうした中で、7月7日、盧溝橋事件は起こったのです。

先に述べたように、すでに二年前から「第二の満州国」をめざして軍の手で傀儡《かいらい》政権づくりがすすめられてきていました。華北五省の中心である、北京、天津を含む河北省が、すでに日本軍の勢力圏に組み込まれていました。また前年には、支那駐屯軍の兵力は三倍以上に増強されていました。戦争へと向かう日本軍の圧力は、ほぼ沸点に達していたといえるでしょう。

その証拠に、現地の努力で停戦協定が成立した7月11日のその日に、近衛文麿内閣は杉山元《はじめ》陸軍大臣の提案にもとづき、二日前の派兵見送りの決定を撤回して五個師団の派兵を決めたのです。現地での停戦協定など、強硬派の軍幹部にとっては眼中になかったのです。

同11日の夕方、早くも関東軍の独立混成第一旅団、同第一一旅団に対し、また朝鮮に駐留する朝鮮軍の第二〇師団に対し、華北への出動命令が下されました。また陸軍は、航空部隊を華北に派遣することを決め、7月15日、臨時航空兵団の編成と派遣を命令しました。こうして日本軍は、盧溝橋事件での停戦協定を無視して臨戦態勢へと突き進んだのです。

一方、西安事件で、内戦停止と「一致抗日」を約束していた蒋介石は、7月17日、中国の領土に対する侵害は許さない、内政に対する干渉は認めないという談話を発表、その中で、「最後の関頭《かんとう》（生死のわかれ目）に立ち至らば徹底的犠牲、徹底的抗戦により全民族の生命を賭して国家の存続を求むべきなり」

と訴えました。「最後の関頭」談話として知られています。ただしこのときは、蒋介石はまだ「最後の関頭」に立ち至ったとは認識せず、ただちに全面抗戦への決起を呼びかけたのではありませんでした。しかし毛沢東は、ともかく蒋介石が徹底抗戦の意思を表明したことを評価し、国民政府の外交問題の発言の中で「最初に正しいものである」と認めたのでした。

このように、日本軍による軍事的圧力と、それに対して中国軍民の間に「一致抗日」の気運がみなぎる中で、7月25日、またも夜、北京と天津の中間にある郎坊《ろうぼう》で、ささいなことから日中両軍が衝突、日本軍の飛行隊が郎坊の中国軍兵営を爆撃する事態が起き、つづいて26日には北京をかこむ城壁の広安門で再び両軍の衝突が起こって、この二つの事件を口実に、27日、近衛内閣の閣議は、保留していた日本本土の三個師団の動員を承認、あわせて支那駐屯軍に対して北京・天津周辺の中国軍を攻撃、同地方の安定確保をはかれ、という大命（天皇の統帥命令）をくだしたのです。

翌28日早朝、支那駐屯軍は中国軍への総攻撃を開始、以後、実に満八年間におよぶ長い戦争に突入していったのでした。

ウソにウソを重ねた田母神説

以上が、盧溝橋事件と、それを引き起こすまでの「第二の満州国」づくりをめざした日本（軍）の動き、そしていったんは停戦協定を成立させながら、二週間後にはそれを捨てて全面戦争に突入していくまでの経過です。

ここでの田母神氏の「日本軍の駐留は条約にもとづく、相手国の承認を得たものであった」という主張の真偽についてはすでに見ましたが、念のため田母神論文の該当箇所を引用します。

また我が国は蒋介石国民党との間でも合意を得ずして軍を進めたことはない。常に中国側の承認の下に軍を進めている。一九〇一年から置かれることになった北京の日本軍は、三十六年後の盧溝橋事件の時でさえ五千六百名にしかなっていない（注・このあと括弧でくくるべきところ、脱落。原文のママ）『盧溝橋事件の研究』（秦郁彦、東大出版会）。このとき北京周辺には数十万の国民党軍が展開しており、形の上でも侵略にはほど遠い。幣原《しではら》喜重郎外務大臣に象徴される対中融和外交こそが我が国の基本方針であり、それは今も昔も変わらない。

「三十六年後の盧溝橋事件の時でさえ五千六百名にしかなっていない」と書いていますが、前に述べたように盧溝橋事件の前年、条約で定められていた兵力を一挙に三倍に増強したのです。しかもその兵力構成は、「警備」から「戦闘集団」混成旅団へと変えられたのです。条約を破った兵力増強の意味を、明らかにすりかえています。ちなみに秦郁彦氏の著書が、ことその少し前、二度ほど典拠として挙げられていますが、いずれも記述が不正確だと著者の怒りを買っています（『朝日』08・11・11）。

「北京周辺には数十万の国民党軍が展開しており」というのもウソです。

前に述べたように、日本軍の華北分離工作によって、河北省、チャハル省（察哈爾省）から国民党の機関と国民政府直系の中央軍は撤退させられていました。そのいわば代理として、国民政府の承認のもとに、しかし半ば独立した「冀察《きさつ》政務委員会」なるものがつくられ、その委員長になっていたのが旧軍閥の流れを汲む宋哲元でした。宋哲元の統轄する軍隊は四個師団で、それを北京・天津と河北省南部、そしてチャハル省に配置していました。盧溝橋で日本軍と接触したのもこの宋哲元の軍ですが、全部を合わせても数万であり、しかも蒋介石の国民政府直系ではない傍系の地方軍閥の軍隊だったのです。「数十万の国民党軍」とは、何を根拠に言っているのでしょうか。

そして引用の最後、「幣原喜重郎外務大臣に象徴される対中融和外交こそが我が国の基本方針」という主張です。

たしかに、国際協調を基本路線とする「幣原外交」というものがありました。しかし幣原は、外務大臣として一九三〇（昭和5）年のロンドン海軍軍縮条約を締結して海軍から猛反対され、さらに翌年の満州事変では話し合いによる事態収拾を求めて必死に動いたため軍部から「軟弱外交」の非難を浴び、同年末、内閣総辞職とともに政治の舞台から去っていました。「対中融和外交」はこの時から五年半も前に葬り去られていたのです。

以上、わずか二百字あまりの中に、三つものウソが含まれています。でたらめの限り、と言っても過言ではないでしょう。

「我が国は蒋介石により日中戦争に引きずり込まれた被害者」という田母神説

日中戦争の始まりに関しての田母神説の虚構の検証は以上の通りですが、ここであわせて、この章の冒頭で紹介した田母神氏の五つの主張のうちの一つ――「我が国は蒋介石により日中戦争に引きずり込まれた被害者」説について見ておきましょう。

やはりまず田母神氏の原文を引用します。

> 実は蒋介石はコミンテルン（筆者注：モスクワに本拠を置く国際共産主義運動の指導機関）に動かされていた。一九三六年の第二次国共合作によりコミンテルンの手先である毛沢東共産党のゲリラが国民党内に多数入り込んでいた。コミンテルンの目的は日本軍と国民党を戦わせ、両者を疲弊させ、最終的に毛沢東共産党に中国大陸を支配させることであった。
>
> 我が国は国民党の度《たび》重なる挑発に遂に我慢しきれなくなって一九三七年八月十五日、日本の近衛文麿内閣は「支那軍の暴戻《ぼうれい》を膺懲《ようちょう》し以《もっ》て南京政府の反省を促す為、今や断乎《だんこ》たる措置をとる」という声明を発表した。我が国は蒋介石により日中戦争に引きずり込まれた被害者なのである。

これまで日中戦争に突入してゆく過程を読んでいただいた皆さんには誤りを指摘するまでもないと思いますが、一応、検証しておきましょう。

まず第一。「第二次国共合作によりコミンテルンの手先である毛沢東共産党のゲリラが国民党内に多数入り込んでいた」というのですが、先に見たとおり、西安にやってきた蒋介石に対し、張学良がそれこそ体を張って国共合作を説き、周恩来らの協力でついに成功するのが、三六年の年末です。そして年が明け、具体的な合作（協力）体制づくりのための折衝を続けて半年がたった7月7日、盧溝橋事件が発生するのです。

国共合作とは、国民党と共産党が内戦を停止し、統一して共に日本軍と戦うことに合意したということです。合意ができた以上、共産党のスパイを国民党内にもぐりこませる必要はまったくありません。共闘体制をどうつくるか、国民、共産両党は公式の場で折衝していたのです。

ゲリラ、という用語も変です。ここではスパイの意味で使っているようですが、ゲリラとは「遊撃隊」のことをいいます。プロの、それも部下を指導する立場の「軍人」が「論文」の中でこういう基礎的な軍事用語を間違えるというのはどういうことでしょうか。

次の「コミンテルンの目的は日本軍と国民党を戦わせ、両者を疲弊させ、最終的に毛沢東共産党に中国大陸を支配させることであった」の一文も問題です。

まるで、国民党を日本軍と戦わせ、共産党はそれを見ていることにしたかのように書いていますが。事実は逆です。先に述べたように、中国共産党は三五年8月、長征のさなか「抗日救国のために全同胞に告げる書」を発表しました。この苦難の長征によって共産党は甚大な犠牲をしいられ、紅軍の兵力はかつての十分の一、三万にまで激減していました。それでも翌三六年2月、中国人民紅軍抗日先鋒《せんぽう》軍を結成して河北の日本軍と戦うために黄河を渡るのです。それに対して、蒋介石はともに日本軍と戦うどころか、国民政府軍一〇個師団を動員して紅軍攻撃に出たのでした。

そこで共産党軍は方針を転換、国民党との統一戦線の結成を第一目標として、この年9月、「反蒋抗日」から「逼蒋《ひっしょう》抗日」を打ち出したのでした。ところが蒋介石は華北での日本軍の侵略を放置していっこうに抗日には向かわず、あいかわらず張学良たちに命じて紅軍攻撃を続けさせようとします。そこでついに意を決した張学良は、督戦のため西安にやってきた蒋介石を拘束し、内戦の停止と「一致抗日」を迫ったのです。そしてこの時、張学良とともに蒋介石を説得したのが周恩来や葉剣英ら共産党の幹部たちでした。

こうして第二次国共合作が成立した後、華北の共産党の兵力三万は国民政府軍の第八路軍《はちろ》（総司令・朱徳《しゅとく》、副司令・彭徳懐《ほうとくかい》）三師団に編制され、また長征に加わらず華中・華南でゲリラ戦をつづけていた共産党の軍一万余も「新四軍《しんし》」に改編されて、国民政府軍と共に戦ったのです。そして一九三九年以降、戦線が膠着状態に入ると、主要な戦場は華北に移り、そこで八路軍は日本軍と対峙し、得意のゲリラ戦をつづけたのでした。共産党の軍は、国民政府軍以上に日本軍との戦いの正面に立ったといえるのです。

次はこの一節の結論部分、日本は「日中戦争に引きずり込まれた被害者」という主張です。その理由として田母神氏は「我が国は国民党の度重《たび》なる挑発に遂に我慢しきれなくなって」と書いています。しかし「度重なる挑発」の事実は何も示していません。一方、日本軍の方は、これまで見たように次々にカイライ政権をつくって華北分離工作をすすめ、駐屯軍を増強してきました。「度重なる挑発」をやってきたのは日本軍の方なのです。だから、三七年8月15日の近衛内閣の事実上の戦争宣言「支那軍の暴戻《ぼうれい》を膺懲《ようちょう》し以《もっ》て南京政府の反省を促す為、今や断乎《だんこ》たる措置をとる」も、中国軍が乱暴で、道徳に戻《もと》るから、こらしめる（膺懲する）と、まったく子供の喧嘩みたいなことしか言えなかったのです。言葉は難しい用語を使っていますが、中身はまったく空疎です。

そしてこの「宣戦布告」としては理由にならぬ理由をかかげて、中国との全面戦争に入ってゆくのですが、その二日前、8月13日には、華北につづいて華中の上海でも日中の戦闘が始まっていました。そして近衛声明が出された15日には早くも長崎県大村航空基地を発進した海軍の爆撃機が東シナ海をこえて国民政府の首都・南京を爆撃したのです。

上海での三カ月余にわたる、文字通りの死闘により上海を占領した日本軍は、次いで南京に迫り、12月13日、南京を攻略します。そのさいに引き起こしたのが、いまも深い傷を残す「南京大虐殺」でした。南京を追われた国民政府は、そのあと政府機関を武漢《ぶかん》へ移し、その武漢も攻略されると、長江をさかのぼった大陸奥地の重慶《じゅうけい》に移動し、ここを「戦時首都」として徹底抗戦をつづけるのです。

以上の経過を見れば、「ひきずりこまれた」のが、どちらであるか、言うまでもないことでしょう。加害者、それも長期にわたって甚大な被害を与えた加害者が、「こっちこそ被害者」だとうそぶく。それがたんなる無知からでないとすれば、恐るべき精神構造と言わなくてはならないでしょう。

9　改めて「田母神説」を検証する

以上が、近代日本の最初の対外武力行使である台湾出兵から日中全面戦争までの出兵・駐兵をめぐる事実経過です。

田母神氏はこう書いていました（傍線、筆者）。

我が国は戦前中国大陸や朝鮮半島を侵略したと言われるが、実は日本軍のこれらに対する駐留も条約に基づいたものであることは意外に知られていない。日本は十九世紀の後半以降、朝鮮半島や中国大陸に軍を進めることになるが、相手国の了承を得ないで一方的に軍を進めたことはない。現在の中国政府から「日本の侵略」を執拗に追及されるが、我が国は日清戦争、日露戦争などによって国際法上合法的に中国大陸に権益

「条約」はあったものの

を得て、これを守るために条約等に基づいて軍を配置したのである。

はたして日本は、相手国の了承を得て、あるいは条約にもとづいて軍を進め、国際法上合法的に権益を得て、それを守るため軍を配置したのでしょうか。

たしかに、条約にもとづいて、と言えば言えなくもないケースもありました。日清戦争での済《チェ》物浦《ムルポ》（さいもっぽ）条約にもとづく出兵です。

しかしその「条約」の解釈は完全なすりかえでした。済物浦条約で認められていたのは「公使館の警衛」のための「兵員若干」にすぎなかったのに、まず海軍の陸戦隊五百名、次いで陸軍の先発隊として歩兵約一千名、つづいて本隊二千七百名、合計四千をこえる兵力を矢継ぎ早に送り込んでソウルや仁川《インチョン》などの要地を制圧したのです。

盧溝橋事件の場合も同じやり口です。義和団戦争での北京議定書では、外国軍の駐屯兵力数は「公使館区域」等を警備するためとして各国軍総計で二〇〇〇人と定められ、うち日本軍は一五七〇名を拠出する、と列国司令官会議で決められました。その後もだいたいこの基準で推移し、一九三五年も一七七一名となっていたのが、その翌年、盧溝橋事件前年の三六年になると、一挙にこれまでの三倍強、五七七四名へと増強したのです。同時に駐屯軍の編成を変え、これまでは歩兵中心の二個大隊程度にすぎなかった支那駐屯軍を、砲兵隊、戦車隊などを加えることにより独力で戦闘を展開できる混成一個旅団相当へと変質させたのです。

この手法を私は「庇《ひさし》を借りて母屋《おもや》を乗っ取る」詐欺的強盗の手法と書きましたが、こうしたやり方を、はたして「条約にもとづいて」と言えるでしょうか。

出兵のあとで急いで「条約」を結ばせる

それでもいま述べた二つの場合には、とにもかくにも「条約」がありました。条約がないのに出兵を強行し、そのあと大急ぎで「条約」をつくったというケースもあります。

日露戦争の場合の朝鮮（韓国）出兵です。

日本がロシアに宣戦布告を行なったのは2月10日ですが、その二日前の8日、陸軍の先遣隊として四個大隊二二〇〇人が仁川に上陸、うち二個大隊がソウルに入城しました。前年の9月、韓国皇帝は、日本とロシアに対し、日露開戦のさいは韓国は「局外中立」をとることを通告していました。しかし日本政府は、そうした韓国の宣言は頭から無視して、宣戦布告の前にさっさと無防備の首都ソウルに入城、占領したのです。

先遣隊につづいて同じ2月の16日から27日にかけ、第一軍の第一二師団一万四〇〇〇人が仁川に上陸、ソウルから平壌《ピョンヤン》をへて朝鮮半島を北上、満州へ向かいます。

済物浦条約はまだ存在していました。しかしそれは公使館警備などのための「兵員若干」を認めたものにすぎません。しかも今回は、韓国は早ばやと「局外中立」を宣言・通告していました。実際に東学農民の蜂起があった日清戦争の場合とちがい、今回は韓国では何ごとも起こっていません。したがって、さすがにこの条約を使うわけにはいきません。

そこで、ソウルと周辺を制圧した2月23日、日本は韓国皇帝に強制して「日韓議定書」を締結します。これにより「東洋平和の確立」のためと、韓国皇室の安全、韓国の独立と領土を守るという名目で、「中立」を宣言した韓国の軍事占領を正当化したのです。それはまたロシアとの戦争の兵站《へいたん》基地として韓国を自由に利用するための議定書でもありました。

日露戦争の場合、日本軍は「条約に基づいて」他国の土地を軍靴で踏んだのではなく、踏んだ後で「条約」をつくったのです。

駆け引き・挑発・謀略による武力行使

条約などとはおよそ関係なく、政治的駆け引きや挑発、謀略によって武力を行使し、軍を出動させたケースもあります。

最初の武力行使である台湾出兵や、それにつづく江華島事件での城砦《じょうさい》攻撃・焼き討ち、そして満州事変です。

台湾出兵の隠された意図は、歴史的に長く「日中両属」状態にあった琉球（沖縄）を日本の版《はん》図《と》に組み入れることでした。あわせて、うまくいけば台湾の一部を日本の最初の植民地として略取したいとたくらんでいました。

もともと「日中両属」を強く意識していたのは日本側でした。幕府の承認の下、「在番奉行」なるものを置いて琉球王国を実質的に支配していたのは薩摩藩でしたが、そのことを同藩は中国側に対してはひた隠しにしていました。中国と進貢《しんこう》（朝貢）――冊封《さくほう》関係を結び、進貢貿易を続けるためには、琉球王国は独立国でなければならなかったからです。

しかし、いまや幕府の時代は終わり、日本は鎖国から開国へと変わって、進貢貿易はもはや無用となりました。そこで政府は、琉球をその実態どおり日本の版図に組み込んで、それが日本領であることを内外に宣明することが必要になりました。それにはまず、中国との「日中両属」関係を断ち切らなくてはなりません。そのために、明治新政府は宮古島住民の台湾漂着事件を利用したのです。

漂着事件の発生から出兵まで、実に二年半をかけています。深謀遠慮、用意周到ともいえますが、計略をめぐらして清国側を出し抜き、最後は三千人の兵を送って近代兵器と兵力で原住民を圧倒、マラリアという伏兵のため植民地獲得の目的は果たせませんでしたが、琉球に関しては所期の目的を達したのです。

計略をめぐらす段階で、新政府は米国公使から「無主の地」という概念を教わり、清国側からは「化外《かがい》の民」という言葉を引き出しました。近代化に踏み出してからまだわずか七年、早くも

〝帝国主義の論理〟を駆使して武力を行使したのです。

翌年の江華島事件での武力行使。これも先輩帝国主義諸国にならったといえます。

一八六六年、フランスは軍艦七隻に陸戦隊を乗せ、江華島《カンファド》と漢江《ハンガン》一帯を封鎖し、開国を迫って攻撃に入りますが、朝鮮側の反撃で三〇名以上の死傷者を出したため、書籍や銀を略奪しただけで引き揚げました。

同年、アメリカの武装商船シャーマン号が、やはり交易を求めて大同江《テドンガン》をさかのぼり、発砲したりしたため焼き討ちにあい、乗組員二〇数名が死亡します。

そのためアメリカは翌年と翌々年、生存者の確認のため軍艦を派遣した後、一八七一年には軍艦五隻を江華島に派遣、水路の測量を始めます。これに対し江華島要塞から発砲、アメリカ軍もこれに応戦、陸戦隊が上陸して激しい戦闘が展開されました。その結果、朝鮮側は五三名の戦死者を出しますが、アメリカ側も三名の戦死者と一〇名の負傷者を出し、むなしく引き揚げたのでした（朝鮮史研究会編『新版・朝鮮の歴史』三省堂）。

このアメリカの侵攻から四年後、一八七五年、日本海軍の井上良馨《よしか》艦長の率いる軍艦「雲揚《うんよう》」が江華島へ行き、水路測量を行ないながら朝鮮砲台を挑発、砲撃戦に入ります。それも、井上艦長の最初の報告書によれば、互いの大砲の射程距離の差から、日本側の砲撃だけが命中するという砲撃戦だったようです。

次の日、目当ての城砦《じょうさい》への上陸攻撃に向かいます。城内には五百人あまりがいたと艦長は報告していますが、全員を駆逐し、城を焼き払って武器その他を分捕《ぶんど》り、艦に引き揚げた、といいます。この戦闘での朝鮮側の死者は三五名、日本側は負傷一名、死者一名でした。

先のフランス軍の侵攻の場合、戦闘部隊は「横浜駐屯の陸戦隊」でした。アメリカの場合は、出兵する約千二百名の兵士は「長崎に集結」させたといいます。つまり、日本を出撃基地としたのです。当然、両国の侵攻経験は日本側でも伝え聞いていたにちがいありません。

日本軍による江華島事件は、この仏米両国の帝国主義的実践を「学んだ」上での挑発・攻撃事件だったはずです。その証拠に、死傷者わずかに二名という一方的な勝利に終わっているからです。しかも翌年には、この江華島事件にものを言わせて、不平等条約を結ばせているのです。驚くべき「学習能力」と言えるかも知れません。

謀略による攻撃開始は、いうまでもなく満州事変です。

日露戦争後の条約によって日本軍（関東軍）の駐留が認められていたのは、遼東半島の先端部、埼玉県ほどの大きさの関東州と、満鉄の線路に沿った細いベルト状の土地だけでした。ここに閉じ込められている限り、満州を制圧することはできません。飛び出すことが必要です。

では、ここから飛び出すには、どういう大義名分をたてたらよいか。

最も単純でわかりやすい大義名分は、「敵からの攻撃」です。攻撃を受ければ、それに反撃するのは当然の権利だからです。

問題はしかし、敵からの攻撃です。それがない限り、この大義名分は立ちません。

では、どうするか。「敵からの攻撃」を作り出せばよい。

そこで関東軍の参謀たちは、満鉄の線路、それも就寝している中国軍の本拠に夜襲をかけやすいように、中国軍の兵営に近い柳条湖の線路に爆弾を仕掛け、それを中国軍の仕業《しわざ》に見せかけたのです。

謀略による戦争開始。満州事変はその代名詞です。謀略を立案・実行した参謀たちにとっては、「条約に基づいて」とか「相手国の了承を得て」などというのはもちろん寝言以下のものだったにちがいありません。

帝国主義諸国と組んで、あるいは戦争のどさくさに

最後の三つは、義和団戦争での中国への出兵、第一次大戦での中国・山東省のドイツの権益を横取りするための出兵、そしてロシア社会主義革命への軍事干渉・シベリア出兵です。いずれも国際関係の中での出兵、それも帝国主義諸国に加わっての出兵です。

まず義和団戦争。これには八カ国の連合軍が出兵、日本はその中の一国でした。出兵の理由とされたのは、北京の公使館区域が義和団の群衆によって包囲され、封鎖されたからでした。

しかし、なぜ義和団が蜂起したかといえば、中国が列強諸国により、文字どおり寄ってたかって食いものにされ、半植民地化されつつあったからでした。それへの民衆の反撃として義和団運動は起こったのです。だがその反撃は列強諸国によってたたきつぶされ、中国の半植民地化はいっそう決定づけられました。

義和団戦争の本質は帝国主義による侵略戦争です。「相手国の承認」などあるはずはありません。義和団に手を焼いた西太后《せいたいこう》の清《しん》国も、当初は列強に対して宣戦布告したのです。

シベリア出兵も、同じように他国としめし合わせての出兵です。

第一次大戦のさなか、イギリス、フランス、アメリカ、そして日本によるこの出兵は、名目は「チェコ軍団の救済」でしたが、ホンネは生まれたてのロシア社会主義政権に対する軍事干渉でした。一九一八年7月初め、ロシアの西からは英仏軍五千八百人が、東からは8月、米軍七千、日本軍一万二千がウラジオストクに出兵したのでした。

出兵した四カ国はいずれも資本主義国です。社会主義（共産主義）を何よりも恐れ、敵対します。そこで、誕生した社会主義ロシア（ソビエト連邦）が成長し、他の諸国の社会主義運動に影響力を行使しないように、赤ん坊のうちに始末してしまおうと考えたのです。

しかし、社会主義ロシアは内戦を勝ち抜き、生き残りました。そのため一九二〇年1月、アメリカは撤兵を表明、イギリス、フランスもそれに続きました。ところが日本軍だけは——その数は次々と増強して七万を超え、その配備地域もバイカル湖以東、サハリン（樺太）にまで及んでいましたが——一国だけ残ったのです。

日本軍はなぜ残ったのか。あわよくば、東シベリアを植民地として手に入れたかったからです。そのことはだれにも分かっていましたが、決して口にすることはできませんでした。そのため「理由のない駐兵」を続けますが、さすがに耐えかねて、一九二二（大正11）年6月に撤兵を表明、10月に完了するのです。

シベリア出兵は、四カ国の意図そのものがダーティーでした。日本はその上に、ロシアの危機に乗じてシベリアを植民地化しようという野望を隠し持っていました。

シベリア出兵とは、こういう出兵だったのです。「条約に基づいて」とか「相手国の了承を得て」といったこととは、およそ次元を異にした国家の行為でした。

もう一つ、これも第一次大戦の中での中国・山東への出兵です。他国の弱みに付け込んで、というのはこれも同じでした。

当時、日本はたしかに「日英同盟」を結んでいました。しかしそれには、ヨーロッパの戦争に日本が出兵すべきだなどとは書かれていませんでした。したがって、「条約に基づいて」の出兵などとは言えません。それどころか、日本が山東省への出兵を決めたと知ると、イギリスはあわてて当初の協力要請を取り下げたのです。

中国も、もちろん反対します。ドイツが負ければ、膠州湾《こうしゅう》も青島《チンタオ》も取り戻せるからです。また当のドイツも、日本の横取りを恐れて、いったん中国に返還し、戦後に改めて租借について交渉したいと申し入れました。つまり、関係国全員が日本の出兵に反対したのです。

しかし日本は出兵を強行、ドイツ本国から切り離された植民地軍を容易に屈服させ、膠州湾や青島の租借権、山東省を横断する鉄道の権益などドイツが持っていたすべての権益を手中にしたのでした。

「相手国の了承」など初めから眼中にありません。戦争のどさくさに付け込んだこの行為を、どう言えば弁護できるでしょうか。戦争をやっているんだから、国益のためなら何をやってもいいんだ、とでも言うのでしょうか。

「条約に基づいて」「相手国の了承を得て」の出兵は一件もなかった

以上、台湾出兵から盧溝橋事件までの近代日本の主要な出兵について見てきました。はたして日本は、「条約に基づいて」、あるいは「相手国の了承を得て」軍を進めたのでしょうか。

ノーです。残念ながら、「条約に基づいて」「相手国の了承を得て」の出兵は一件もありませんでした。

考えてみれば、当然のことです。どこの国であれ、自国が実際に攻撃を受け、あるいは脅威にさらされていない限り、外国の軍隊が自国に入ってくるのを認めることなどあるはずはないからです。

軍隊とは、殺戮と破壊を任務とする武装集団です。外国のその武装集団が自分たちの町や村にやってくるのを、恐怖なしに迎えられるはずはありません。現在のイラクやアフガニスタンを見てもわかる通り、外国の軍隊はつねに「招かれざる客」なのです。

したがって、「条約に基づいて」「相手国の了承を得て」軍を進め、軍を配置した、などと言うこと自体、ナンセンスなのです。ちょっと立ち止まって考えてみれば、わかることです。日本は「条約に基づいて」、あるいは「相手国の了承を得て」軍を進めたというのは、真っ赤なウソです。

ところがその真っ赤なウソを、航空自衛隊の最高位を極めた人物が自信たっぷりにまくしたてると、人々は拍手喝采するのです。

恐ろしいことではありませんか?

「大日本帝国」の最後の戦争開始は米英との太平洋戦争でした。

一九四一(昭和16)年12月8日未明、日本陸軍はイギリス植民地だったマレー半島を奇襲攻撃、その約一時間後には海軍がアメリカ太平洋艦隊の基地・ハワイ真珠湾へ奇襲攻撃をかけます。

開戦については、一九〇七年のオランダ・ハーグでの第二回万国平和会議で戦時国際法の一つとして「開戦に関する条約」が定められ、日本も調印していました。開戦にあたっては、その決断にいたった理由を述べた開戦宣言、あるいは最後通牒の通告なしに攻撃を行なってはならない、つまり闇討ちはだめだ、という条約です。

日本も、真珠湾奇襲の直前に最後通牒を送りました。そしてそれを米国側に手渡すのは、奇襲攻撃開始の三〇分前と決めていました。しかし大使館の不手際で、野村吉三郎《きちさぶろう》と来栖《くるす》三郎の両大使がコーデル・ハル国務長官をたずね、実際にそれを手渡したのは、奇襲開始から一時間もたってからでした。

現れたハル長官は、二人に椅子もすすめず、立ったままこう吐き捨てたそうです。

「公務に就いての五〇年の生涯を通して、かくのごとき歪曲と虚偽にみちた文書を見たことがない」（木坂順一郎『太平洋戦争』小学館）

日本軍の作戦そのものが奇襲攻撃で、したがって機動部隊は入念に研究して極秘裏にハワイへ接近していったのですから、「相手国の了承を得て」などというのははなから問題外です。

それでも最低限、形式の上だけでも「開戦に関する条約」を守ろうとしたのですが、綱渡りに失敗、「条約に基づかず」戦争に突入し、「だまし討ち」の汚名を着せられた上、「リメンバー・パールハーバー」と米国民の闘争心をかきたててしまったのでした。

Ⅲ 日本は植民地でこんなにいいことをした？

「田母神論文」の次の問題点の検証に入ります。

I章で挙げた五つの論点のうち、

②「我が国は蒋介石により日中戦争に引きずり込まれた被害者なのである」

については、前の章の末尾の方ですでに検討し、事実はアベコベだったことを論証しました（一四〇ページ以下）。そこで次は、

③「我が国は満州も朝鮮半島も台湾も日本本土と同じように開発しようとした。……我が国は他国との比較で言えば極めて穏健な植民地統治をしたのである」

について検討することにします。

田母神説――日本は満州、朝鮮、台湾でこんなにいいことをした！

ここの箇所は田母神氏が最も力を入れているところで、いくつもの例が挙げられています。具体例に入る前は「我が国は他国との比較で言えば極めて穏健な植民地統治をした」と控えめな言い方ですが、具体例に入ると、「こんなにいいことをした！」のオンパレードになります。

「満州帝国は、成立当初の一九三二年一月には三千万の人口であったが、毎年百万以上も人口が増え続け、一九四五年の終戦時には五千万人に増加していたのである」

そして人口増の理由は――

「満州が豊かで治安が良かった」からで、また「日本政府によって活力ある工業国家に生まれ変わったからである」

「朝鮮半島も日本統治下の三十五年間で一千三百万の人口が二千五百万人と約二倍に増えている。日本統治下の朝鮮も豊かで治安が良かった証拠である」

「我が国は満州や朝鮮半島や台湾に学校を多く造り現地人の教育に力を入れた。道路、発電所、水道など生活のインフラも数多く残している」

朝鮮には京城《けいじょう》帝国大学、台湾には台北帝国大学を設立した。大阪帝国大学や名古屋帝国大学よりも先んじてである。

「また日本政府は朝鮮人も中国人も陸軍士官学校への入校を認めた」

陸軍中将や大佐にまで昇進した朝鮮人軍人もいる。蒋介石やその参謀の何応欽《かおうきん》も陸軍士官学校出身である。

「李王朝の最後の殿下である李垠《イウン》殿下は日本に対する人質のような形で十歳の時に日本に来られることになった。しかし日本政府は殿下を王族として丁重に遇し、殿下は学習院で学んだあと陸軍士官学校をご卒業になった。陸軍では陸軍中将に栄進されご活躍された」

「この李垠殿下のお妃《きさき》となられたのが日本の梨本宮方子《なしもとのみやまさこ》妃殿下である」

「もし日本政府が李王朝を潰すつもりならこのような高貴な方を李垠殿下のもとに嫁がせることはなかったであろう」

「また清朝最後の皇帝また満州帝国皇帝であった溥儀《ふぎ》殿下の弟君である溥傑《ふけつ》殿下のもとに嫁がれたのは、日本の華族嵯峨《さが》家の嵯峨浩《ひろ》妃殿下である」

「これを当時の列強といわれる国々との比較で考えてみると日本の満州や朝鮮や台湾に対する思い入れは、列強の植民地統治とは全く違っていることに気がつくであろう」

「植民地政策」を肯定した外務省見解

日本の植民地統治は悪いことだけではなかった、いいこともずいぶんした、という主張は田母神氏の独創ではありません。第二次世界大戦での敗戦（一九四五年）により日本は植民地を放棄させられましたが、それから五年後の一九五〇年、外務省がまとめた文書の中に、実はこの田母神氏とそっくり同じ主張がすでに述べられているのです。

翌五一年9月、日本は連合国との間で対日平和条約（サンフランシスコ講和条約）を締結するのですが、その平和条約の交渉に向けて外務省が作成した文書「平和条約の経済的意義（われらの立場）」の中にこんな文章があります。

先ず指摘したい点は、日本のこれらの地域（引用者注・植民地地域）に対する施設が決して世にいう植民地に対する搾取政治と目されるべきものではなかったことである。逆にこれらの地域は日本の領有となった当時はどれも未開発な地域であって、各地域の経済的、社会的、文化的の向上と近代化は専《もっぱ》ら日本の貢献によるものであった。そして日本がこれらの地域を開発するに当たっては、年々国庫から各地域の予算に対し多額の補助金を与え、現地人に蓄積資本のない関係上、多額の公債及び社債を累次内地で募集して資金を注入し、更に沢山《たくさん》の内地会社が、自分の施設を現地に設けたものであった。一言にしていうと、日本の統治は、『持ち出し』になっていたといえるものである（吉岡吉典『「韓国併合」一〇〇年と日本』二〇〇九年、新日本出版社より再引用。以下の引用も同じ）。

日本の植民地統治――台湾に対しては五〇年、南樺太《からふと》（サハリン）に対しては四〇年、朝鮮に対しては三五年――は決して搾取のためではなく、未開発地域のための開発であって、その「経済的、社会的、文化的の向上と近代化は専ら日本の貢献によるものであった」と言い、それにつぎ込んだ資金は日本の「持ち出し」だったと述べているのです。

日韓会談での日本首席代表の歴史認識

この外務省の考え方はその後も改められることなく、れんめんと受け継がれてきました。それが政治の表面に浮上して問題となったのが、一九六五年の日韓交渉の場での久保田発言です。

日本の植民地支配から解放された三年後の一九四八年、朝鮮半島の南半部には大韓民国、北には朝鮮民主主義人民共和国が建国されます。その南の韓国と、日本は、サンフランシスコ条約締結の翌五二年２月から国交正常化のための日韓交渉に入りました。三五年間の植民地支配をはさんでの国交正常化の交渉は難航し、一九六五年まで一三年を費やすことになりますが、その二年目、五三年の第三次会談で日本側の久保田貫一郎首席代表がこう発言したのです。

「三六年《ママ》間というものは資本主義経済機構の下で平等に扱われたものである」
「日本としても朝鮮の鉄道や港を造ったり、農地を造成したりしたし、大蔵省は、当時、多い年で二千万円も持ち出していた」

久保田代表は当時、外務省参与でしたから、先に紹介した外務省の見方をそのまま述べたのでしょう。

しかし韓国側は激しく反発しました。一つの主権国家を滅ぼして植民地にしたことへの反省が、この発言からはまったくうかがわれなかったからです。

これにより日韓会談は長期にわたり中断しますが、やがて再開、紆余曲折をへて一九六五年、ようやく最終段階を迎えます。ところがその第七次会談の日本側首席代表となった高杉晋一・経団連経済協力委員長の口から、またも会談をぶちこわしかねない発言が飛び出すのです。

一九六五年１月７日、外務省での記者会見で、高杉代表はこう語ったのでした。

日本は朝鮮を支配したというけれども、わが国はいいことをしようとしたのだ。いま韓国の山には木が一本もないというが、これは朝鮮が日本からはなれてしまったからで、もう二十年日本とつきあっていたら、こんなことにはならなかっただろう。われわれの努力は敗戦でダメになってしまったが、もう二十年朝鮮をもっていたら、こんなことにはならなかったかもしれない。台湾の場合は成功した例だが……。

日本は朝鮮に工場や家屋、山林など、みなおいてきた。創氏改名もよかった。それは朝鮮人を同化し、日本人と同等にあつかうためにとられた措置であって、搾取とか圧迫とかいったものではない。

過去をいえば、むこうにも言い分はあるだろうが、わが方にはもっと言い分がある。だから過去をむしかえすのはよくない。とくに日本は親せきになったつもりで話し合いをまとめるのがよい（日本ジャーナリスト会議機関紙『ジャーナリスト』一九六五年1月20日付）。

「もう二十年朝鮮をもっていたら」とか、「創氏改名もよかった」、あるいは「わが方にはもっと言い分がある」など、韓国の人々の神経を逆なでする言葉が平然と語られています。これが、日韓会談で日本の首席代表をつとめた人物の「歴史認識」でした。

日韓国交正常化のための日韓基本条約は、一九六五年6月に調印、12月に批准されて成立しました。これにより、日本は韓国に対し「無償供与三億ドル」「有償援助二億ドル」「資金協力一億ドル」を提供することとなりましたが、三五年にわたる植民地支配については、一九一〇年の「併合」以前の条約・協定は「無効とする」と述べただけで、ほかに謝罪や反省をにおわせる言葉は一言もありませんでした。植民地統治時代、「いいことをした」と信じ込んでいた当時の日本政府にとって、謝罪や反省などおよそ関係のないことだったのでしょう。

この後も、台湾や朝鮮に対する植民地支配の時代、「日本はいいこともした」という発言は政治家の中からくり返し飛び出し、そのたびに問題になりました。いわゆる「妄言」問題です。その「妄言」に含まれる見方・考え方がひとかたまりとなって吐き出されたのが「田母神論文」のこの部分だったといえるでしょう。

したがって、この田母神氏の主張を、ただばかばかしいと言って一蹴することはできません。なにしろそれは、外務省の公式見解として表明され、以後、半世紀以上にわたりこの国の保守政治の中で培養され、受け継がれてきた見方にほかならないからです。

事実にもとづいて、ていねいに検証することが必要です。

「満州国」の人口急増は「豊かで治安が良かったから」?

では、検証に入ります。

まず「満州帝国は、成立当初の一九三二年一月には三千万の人口であったが、毎年百万以上も人口が増え続け、一九四五年の終戦時には五千万人に増加していた」という説です。そしてこの爆発的な人口増加の理由を、田母神氏は「満州が豊かで治安が良かったから」だと言っています。事実はどうだったのでしょうか。

前章で、日清戦争での敗北により清国はもはや「眠れる獅子」ではなく牙の抜けた老衰状態にあるのを知った列強が、利権を求めていっせいに清国に襲いかかったことを述べました（七二ページ以下）。中でも最も精力的に手を伸ばしてきたのがロシアでした。

日清戦争の翌一八九六年、ロシアは清国と東清鉄道の敷設契約を結びます。それにより、シベリア鉄道に接続して満州里から綏芬河《すいふんが》まで満州を横断する本線と、途中のハルビンから大連まで、満州の南半分を縦断する支線が建設され、この鉄道を使って貴重な穀物である大豆の輸出が大規模にできるようになりました。これが引き金となって農業生産が急増、そのために大量の農民が求められ、それに応じて河北省や山東省から人々がぞくぞくと満州へ移住していったのです。塚瀬進氏の『満州国』（吉川弘文館）には、次のような満州人口の変動が示されています。

一八九八年　五〇〇万人
一九一五年　二〇〇〇万人
一九三〇年　三〇〇〇万人

満州の人口は、一九三二年に「満州国」がつくられて「治安が良くなった」から増えたのではなく、それ以前から、社会的・経済的な構造変化に応じて急増したのです。

「満州国」をつくった後も、事情は同じです。日本資本の進出によって急速に工場が建てられていきました。工場の数は、軍需工場を除いても、一九三四年には六五〇〇だったのが四〇年には一万二七〇〇と倍増し、鉄道の総距離も三一年の約六〇〇〇キロから四五年には約一万一〇〇〇キロと、こちらも倍増しています（塚瀬氏、前掲書）。工場には労働者が必要です。満州の人口が急増していったのは当然でした。

朝鮮でも、重化学工業を中心に、日本は工業化をすすめました。工業化は必然的に社会全体の近代化をともないます。近代化が、死亡率を低め、平均寿命を高めることにより、人口増加を生むのも必然です。田母神氏の、朝鮮の人口が植民地時代の三五年間に倍増したのは「日本統治下の朝鮮も豊かで治安が良かった証拠」という指摘も的はずれと言わなくてはなりません。

帝国大学は早期につくったが、その内実は？

田母神氏はまた、こう言っていました。

「我が国は満州や朝鮮半島や台湾に学校を多く造り現地人の教育に力を入れた。道路、発電所、水道など生活のインフラも数多く残している」

そして朝鮮には一九二四年に京城《けいじょう》帝国大学を、つづいて台湾には二八年に台北帝国大学を設立したが、これらの創立は三一年の大阪帝国大学や三九年の名古屋帝国大学よりも早いことを指摘し、こう〝驚嘆〟していました。

「なんと日本政府は大阪や名古屋よりも先に朝鮮や台湾に帝国大学を造っているのだ」

大学の設立年はたしかに田母神氏の言うとおりです。しかし、田母神氏は最もかんじんなことを見逃しています。その大学にはだれが入学したのか、ということです。

台湾や朝鮮を植民地とした後、数多くの日本人が植民地経営のために、また私的な成功の機会を求めて移り住みました。年月がたてば、その子供たちが生まれ、育ってきます。そこに財産を築き、根を下ろすためには、子供たちを育てる学校が必要です。そしてその学校は、内地（日本本土）の学校の教育水準より劣るものであってはなりません。

そこで政府は、小学校をつくり、中等学校をつくり、さらに商工農専門学校をつくり、高等学校をつくり、さらに大学までつくったのです。しかしこれら高等教育機関は、主要には日本人を対象としたものでした。林景明氏の『日本統治下台湾の「皇民化」教育』（高文研）では、植民地支配の最末期、一九四四年の台北帝大の学生数を、日本人と台湾人を対比させて紹介しています。

それによると、文政学部は、日本人三〇対台湾人二（学徒出陣前の前年は一六四対三）、理学部は四〇対一、工学部は四七対二、農学部は七四対〇、医学部だけは例外で七七対八〇となっています。

医学部については、植民地経営の安定化のために医師だけは台湾人の医師を必要としたからでしょう。それを除くと、日本人、台湾人学生の総数は、一九一対五となり、台湾人学生の割合は実に三％以下となります。

大学の設立が早かったことだけを見て、「現地人の教育に力を入れた」と胸を張るのは、事実を知る台湾の人たちからすれば、バカもほどほどにしてほしい、ということになるでしょう。

なお、朝鮮の場合は、京城帝大設立の翌一九二五年の調査で、大学予科（高等学校に当たる）の日本人学生と朝鮮人学生の数は、二三二対八九となっています（日本・中国・韓国＝共同編集『未来をひらく歴史』高文研）。朝鮮人学生の割合は、ここでは約二八％ですが、しかし朝鮮人の総人口は日本人の何十倍もあったのですから、人口比にすると、一〇九対一となるのです。京城帝大がだれのための大学であったかは明らかでしょう。

ところで植民地の教育を語る際は、その教育内容についてもしっかり見る必要があります。

朝鮮では、日本の小学校に当たる学校を普通学校といいました（台湾では公学校）。一九二二（大正11）年、その普通学校が四年制から六年制になったさいに、日本語の授業時間は週に九～一二時間となり、一方、朝鮮語の時間は二～五時間へと減らされたといいます（前掲『未来をひらく歴史』）。そして日本の小学校と同様、修身（道徳）及び日本の歴史と地理の教育が重視されたのです。

想像力をはたらかせて、日本と朝鮮（韓国）の立場を入れ替えてみます。もしも、日本の子供たちが、国語の時間は二〜五時間なのに、その倍以上の時間を使って韓国語を学習させられたとしたら、私たちはそれにどこまで耐えられるでしょうか。

しかし、植民地時代の朝鮮や台湾の人たちは実際にそのような境遇を強いられ、歴史の授業では他国の歴史を学ばされ、自国の歴史を学ぶことは禁じられたのです。植民地の人々のマインドやカルチャーを破壊するために、日本はたしかに「教育に力を入れた」のでした。

二九年かけて確保した朝鮮への独占的支配

このほか田母神氏は、日本政府が植民地の人々を差別しなかった証拠として、「朝鮮人も中国人も陸軍士官学校への入校を認めた」とか、朝鮮の「李王朝の最後の殿下である李垠殿下」と、「日本の梨本宮方子妃殿下」の結婚の例などを挙げています。

しかしこうした例は、植民地の人々を差別しなかったという証拠にはなりません。とくに王室の縁組みの場合はそうです。それはまさに、ここで田母神氏が例に挙げた、それと全く同じ理由で、植民地の人々を慰撫・懐柔するために行なわれたとも言えるからです。

それにだいたい、こうしたエピソードをいくつ並べても、「日本は極めて穏健な植民地統治をした」という判定にはなりません。肯定的なエピソードに対しては、反対の否定的なエピソードが、これまた山ほど列挙されるからです。

植民地支配の実態を構造的にとらえるためには、政治的・社会的・経済的な分析・考察が必要ですが、ここでは日朝両国間の条約から見てみようと思います。

条約を見るさいは、もちろんその背景を押さえることが必要ですが、しかしその文言《もんごん》からだけでも、国家間の関係がどう動いていったかはわかります。日本と朝鮮（韓国）の場合は、とくに明瞭です。

二〇一〇年は日本による「韓国併合一〇〇年」に当たり、マスコミでもいろいろと取り上げられています。しかし「併合」は、この年に突如として行なわれたわけではありません。直接には日露戦争開始の一九〇四年から始まり、およそ五年半をかけて段階を追ってすすめられ、いわばそのゴールとして「併合条約」が結ばれたのです。

その経過はこの後に述べますが、朝鮮に対する支配ということで見れば、実はもっとずっと早く一八七六（明治9）年から、日本は狙いをつけていたのです。一八七六年、つまり江華条約（日朝修好条規）の時からです。

条約の第一条はこう始まります。

「朝鮮国は自主の邦《くに》にして日本国と平等の権を保有せり」

異様な定義づけです。長い歴史を持つ主権国家に対してわざわざ「自主の邦」であると条約の冒頭で規定したのは、まことに失敬な話と言わなくてはなりません。しかしこれには、ある政治的な意図が隠されていました。

前章で、古代から中国周辺の国の王たちは、中国の皇帝と「朝貢《ちょうこう》—冊封《さくほう》」関係を結んでいたことを述べました（三三ページ）。中国皇帝に朝貢し、それと引き換えに王としてその権威を承認、地位を保障してもらうという関係です。これを宗属《そうぞく》関係といいます。

したがって、日本が朝鮮を支配下に組み込むためには、まず朝鮮と中国とのこの宗属関係を絶つことが必要になります。「朝鮮国は自主の邦」とうたったのは、いずれ到来するその時のための布石でした。

それから一九年後、日清戦争に勝利した日本は、清国と下関条約を結びます。その第一条にはこう書かれていました（以下、条文は句読点をつけ、読みやすくしました）。

第一条　清国は朝鮮国の完全無欠なる独立自主の国たることを確認す。よってその独立自主を損害する、朝鮮国より清国に対する貢献・典礼などは、将来まったくこれを廃止すべし。

つまり、清国と朝鮮との宗属関係はこれで打ち切る、清国は朝鮮から完全に手を引く。また朝鮮も清国に貢物《みつぎ》をささげることなどは完全に廃止する、ということです。

この二年半後の一八九七年10月、朝鮮は国号を「大韓帝国」と改称し、国王は「皇帝」と称号を変えます。中国が「完全無欠なる独立自主の国」であると認め、日本もまた「日本国と平等の権を保有」していることを認めているのだから、「大清帝国」や「大日本帝国」と同等の「大韓帝国」を名乗り、国王もまた「皇帝」となるのは当然だ、ということだったでしょう。その背景には、これを機に政治改革を実行しようという意図とあわせ、完全独立を達成したいという韓国皇帝の願いが脈打っていたはずです。

しかし、韓国皇帝のこの痛切な願いも、日本によって容易に破られていくことになります。

日清戦争からちょうど一〇年後の一九〇四年、日本はロシアと戦端を開き、翌〇五年、かろうじて勝利し、米国ポーツマスで日露講和条約を結びます。その第二条（第一条は形式的な精神条項ですから、これが実質的な第一条です）にはこう書かれていました。

　第二条　ロシア帝国政府は、日本国が韓国において、政事上・軍事上および経済上の卓絶なる利益を有することを承認し、日本帝国が韓国において必要と認める指導、保護および監督・管理の措置をとるに当たり、それを阻害したり干渉したりしないことを約束する。

卓絶とは、卓抜や卓越と同じ、比類のない、ずばぬけた、という意味です。

ここに日本は、清国につづきロシアをも韓国から駆逐、そこでの独占的支配を確保したのです。

あとは、「政事上・軍事上および経済上の卓絶なる利益」をどう実現してゆくか、です。

一つの議定書、三つの協約を経ての「併合条約」

それは早くも、日露戦争の開戦直後から始まります。「日韓議定書」の強制です。

韓国皇帝の「局外中立」を無視して朝鮮に上陸した日本軍の第一軍一万四〇〇〇人が首都を制圧する中で、2月23日、日本は韓国皇帝に対し「日韓議定書」の調印を強要します。

その内容は、第一条の、韓国政府は日本政府を「確信」して施政の改善に関して日本の忠告を聞くことというのに続いて、「大日本帝国政府は大韓帝国の皇室の安全を守る」（第二条）、また「大韓帝国の独立および領土の保全を保証する」（第三条）が、代わりに韓国は「日本軍の行動を容易ならしめるために十分な便宜」を提供し、また「作戦上必要な土地は日本軍が自由に収用できることとする」（第四条）というものでした。

要するに、「中立」を宣言した韓国の軍事占領を正当化するための形式をととのえる議定書でしたが、そこにはすでに韓国に対する「保護」意識が色濃くにじんでいるのがわかります。

つづいて半年後の〇四年8月22日（まだ日露戦争中です）、日本は韓国政府に対し「日韓協約」に調印させます。内容は、

・「一　韓国政府は日本政府の推薦する日本人一名を財務顧問として招き、財務に関してはすべてその顧問の意見を聞いて行なうこと」
「一　韓国政府は日本政府の推薦する外国人一名を外交顧問として招き、外交に関する重要なことはすべてその意見を聞いて行なうこと」

要するに、財政は日本政府が送り込む日本人の、外交は日本政府の息のかかった外国人の指導の下に置く、ということです。財政と外交、一国の政治にとって最も重要な領域です。その最も重要な領域が日本政府の手で押さえられたのです。

このとき、財務顧問には大蔵省主税局長だった目賀田種太郎が就任、外交顧問には駐米日本公使館顧問だったスティーブンスが就任しましたが、四年後アメリカに帰ったさい、サンフランシスコで在米韓国人によって暗殺されました。


次は日露戦争の後になります。

一九〇五年11月17日、両国は第二次「日韓協約」に調印します。

次のような内容でした。

第一条　日本の外務省は、今後、韓国の外国に対する関係および事務を管理・指揮する。
第二条　韓国政府は今後、日本国政府を通さずに外国との条約あるいは約束を交わすことはしない。

第三条　日本国政府はその代表者として首都に「統監」を置く。統監はもっぱら外交に関する事項を管理し、いつでも皇帝陛下に会える権利を有する。（第四条は略）

第五条　日本国政府は、韓国皇室の安寧と尊厳を維持することを保証する。

先の第一次「日韓協約」では、韓国の外交を外国人の外交顧問の指導下に置いたのでしたが、それからわずか一年余で直接、日本政府の下に置くことにしたのです。

この第二次の日韓協約は、韓国を実質的に日本政府の腕の中に囲い込んでしまったため、その年の干支《えと》（きのと・み）から「乙巳《いっし》保護条約」と呼ばれますが、特派大使としてその承認を韓国政府に迫ったのが、ほかでもない、伊藤博文でした。

そのとき伊藤と行動を共にした駐韓公使・林権助（この第二次協約の調印者です）の回想記によると、伊藤は、韓国政府の閣僚たちが皇帝臨席の御前《ごぜん》会議で「拒否」を決議して退出してきたのを、王宮の一室に閉じ込め、閣僚一人ひとりに対し、改めてイエスかノーかを問いただしたといいます。伊藤の横には、韓国駐留軍の司令官・長谷川好道大将が威嚇するように立っていました。

この日本軍の武力を背景にした、伊藤の恫喝と尋問によって、韓国政府の対外関係は完全に「統監」の支配下に置かれることになり、その初代「統監」には、伊藤博文自身が就任しました。

伊藤は周知のように、帝国憲法を起草し、初代の内閣総理大臣を務めた明治の政界の第一人者です。その伊藤が初代統監を引き受けたところに、日本政府が韓国の扱いをどんなに重視していたかが読み取れます。

それから約二年後の一九〇七年7月24日、統監・伊藤博文と総理大臣・李完用《イワニョン》は第三次の「日韓協約」に調印します。統監の支配権を、外交中心から韓国の政治全般に拡大するための協約でした。

第一条　韓国政府は施政改善に関して統監の指導を受けること。
第二条　韓国政府が行なう法令の制定および重要な行政上の処分は、あらかじめ統監の承認を得ること。（第三条は略）
第四条　韓国高等官吏の任免は、統監の同意を得て行なうこと。
第五条　韓国政府は、統監の推薦する日本人を官吏に任命すること。
第六条　韓国政府は、統監の同意なくして外国人を雇ってはならないこと。

もはや韓国政府が自由に振る舞える領域はどこにもありません。そのうえ伊藤は、次のような覚書を示し、それを韓国政府に承知させたのです。

第一　裁判所の新設
大審院を一箇所設置（第二次大戦前の日本の司法制度を適用。現在の最高裁に当たる）
ただし院長および検事総長は日本人
控訴院を三カ所に設置（現在の高裁に当たる）
ただし判事のうち二名、検事のうち一名は日本人
地方裁判所を八カ所に設置
ただし所長および検事正は日本人、全体を通して判事のうち三二名を日本人とする
第二　監獄の新設
監獄を九カ所に設置
ただし典獄（所長）は日本人、看守長以下吏員の半数も日本人とする
第三　軍隊の解隊
一　皇居守衛のため陸軍一大隊だけを残して後は解隊する
一　教育ある士官は、韓国軍隊にとどまる必要のあるものを除き、日本軍隊に所属させて実地訓練をさせる
一　日本において、韓国士官養成のため相当の設備をもうける

こうして、手も足も出せない状態にした上で、三年後の一九一〇年8月22日、「韓国併合に関

する条約」をもって総仕上げにかかるのです。

それにはこう書かれていました。

第一条　韓国皇帝陛下は、韓国全部に関する一切の統治権を完全かつ永久に日本国皇帝陛下に譲与する。

第二条　日本国皇帝陛下は、前条にかかげたる譲与を受諾し、かつ全然韓国を日本帝国に併合することを承諾する。

李成桂（太祖）が高麗王朝を倒して王位についたのが一三九二年、翌年、明《みん》の皇帝の承認を得て国号を「朝鮮」と変えます。以後、一九一〇年までの約五二〇年間、李王朝は朝鮮国を統治してきました。五二〇年といえば、日本の徳川時代がほぼ二六〇年ですから、ざっとその倍になります。

そのような歴史を持つ国――その国土と人民を、韓国皇帝が日本国に「譲与」し、日本国皇帝がその「譲与」を受け取り、自国に「併合」することを「承諾」した、というわけです。こんな条約が、正気で結んだまともな条約だと思えますか？

ところが、この「併合条約」について、調印者（内閣総理大臣・李完用《イワニョン》）に対し直接の脅迫があったわけではないから、「法的には適法（合法）で有効」という説があります。ほかならぬ日本政府がとってきたのが、この説です。

しかし、遠くは日朝修好条規から、直接には日韓議定書から、第一次、第二次、第三次日韓協約と主権を強奪してゆき、最後には国そのものを廃滅したその仕打ちをたどれば、「法的には合法」などという言い草はむなしいと言うほかありません。

田母神氏は「我が国は満州も朝鮮半島も台湾も日本本土と同じように開発しようとした。……我が国は他国との比較で言えば極めて穏健な植民地統治をしたのである」と述べていました。

しかし、植民地にされるということは、国が滅ぼされるということです。国が滅ぼされるということは、言葉を奪われ、歴史を奪われ、誇りを奪われるということです。ひと言でいえば、人間としての「魂」を抜かれるということです。

そう考えれば、そもそも「穏健な植民地統治」などというものがあり得るはずはありません。

Ⅳ 「日本の真珠湾攻撃はルーズベルトの罠だった」というのは本当か？

またもコミンテルン陰謀説

田母神氏はこう書いています。

　ルーズベルトは戦争をしないという公約で大統領になったため、日米戦争を開始するにはどうしても見かけ上日本に第一撃を引かせる必要があった。日本はルーズベルトの仕掛けた罠《わな》にはまり真珠湾攻撃を決行することになる。

いわゆる「真珠湾攻撃陰謀説」です。もちろんこれも田母神氏の独創ではありません。これについては日米両国で何冊もの本が出ていますし、インターネットでこの項目を引けば、関連の記事がザザーッと出てきます。

　この説の証拠として、田母神氏は「ヴェノナファイル」という米国政府の文書を挙げています。これもまた先の「蒋介石が日本を戦争に引きずり込んだ」というのと同じコミンテルン（モスクワを本拠とする国際共産主義運動組織）による謀略説です。ルーズベルト政権の中には三百人ものコミンテルンのスパイが入り込んでおり、そのトップがハリー・ホワイトという「財務省ナンバー2」の人物で、このホワイトが、日本への最後通牒ともいわれる「ハル・ノート」を書いたのだ、という話です。

しかしこの説に対しては、田母神氏がその「論文」中で二度にわたって著作を引いていた歴史家で、『検証・真珠湾の謎と真実』の編者でもある秦郁彦氏は「99％」ウソだと断定しています（月刊『ＷｉＬＬ』〇九年２月号所載「陰謀史観のトリックを暴く」）。

じっさい、こんな陰謀説で歴史が解明できるとしたら簡単です。歴史がそんなに単純なものでないことは、いま私たちが当面している政治・経済の動きもいろんな要素がからみあっており、その動向が容易に見通せないことから、政治家をはじめ誰もが右往左往しているのを見てもわかるでしょう。現実の歴史は、国内・国際のさまざまな動きがぶつかりあう中で生み出されてゆくものです。

一九三〇年代終わりから四〇年代初めにかけ、日米開戦に突入してゆくプロセスには、とくに中国をめぐる動きとヨーロッパの情勢が密接に関わっていました。

日中戦争初期の米国の対日政策

盧溝橋事件をきっかけに日中全面戦争が始まった、その翌一九三八年10月、米国政府は長文の覚書を発表しました。日本の中国市場独占により、中国に対する米国の年来の主張である「門戸開放、機会均等」の原則が侵害されたという抗議の文書です。しかし米国は、経済制裁といった具体的行動には出ませんでした。

というのは、当時、米国はふたたび深刻な経済不況に陥っており、米国の企業にとって日本は重要な輸出先だったからです。それまでも日本は、軍需産業に欠かすことのできない鉄や銅、石油、工作機械、エンジンなどの大部分を米国からの輸入に頼っていましたが、日中全面戦争突入後はさらにそれらの軍需物資の輸入が急増していたのです。

当時、米国には「中立法」という法律がありました。最初は、戦争が起こったさいの交戦状態にある国への武器輸出の禁止から始まったものですが、三七年の改正でその上に、交戦状態にあって米国と貿易したいものは必ず現金で取引し、自国の船で持ち帰らなければならないという条項(現金払い・購入国船方式)が加えられました。これにより、多くの貨物船をもつ日本は対米貿易で中国に比べいっそう有利になりました。

日本政府が、明らかに中国との戦争に突入したにもかかわらず、宣戦布告を行なわず「事変」というあいまいな呼称を使ったのは、一つには一九二八(昭和3)年に日本自身も調印していた「パリ不戦条約(戦争放棄に関する条約)」違反を回避するためでしたが、同時に、この米国の「中立法」に触れて米国からの輸入をストップされるのを避けるためでもありました。

要するにこの当時の米国の対日政策はまだ自国の経済事情を優先させた宥和《ゆうわ》的なものでした。後に日本への〝最後通告〟となる「ハル・ノート」で知られるハル国務長官の対日方針も、この段階ではまだ「日本と事を構えず、アジアから撤退せず、日本の行動に同意を与えず」という状態にとどまっていたのです（日中歴史共同研究報告書、波多野澄雄・庄司潤一郎「日中戦争――日本軍の侵略と中国の抗戦」）。

しかし、三八年末、二五〇〇万ドルの借款を与えるのを皮切りに、米国は中国に対する援助を徐々に本格化させ、四〇年3月には二〇〇〇万ドル、同年9月には二五〇〇万ドルの借款の供与と、四〇年以降は英国やソ連を抜いて最大の中国援助国となります。

当時の日本と中国を、米国民はどう見ていたか

米国政府の日本、中国に対する対応は以上のようなものでしたが、国民感情の方はどうだったのでしょうか。

メアリー・ノートン他著『アメリカの歴史』（邦訳は本田創造監修で全六巻、三省堂）という本があります。米国の大学で歴史学習のテキストとして使われている本ですが、その第五巻『大恐慌から超大国へ』の中に、一九三〇年代当時、米国民が日本、中国をどう見ていたかの記述があります。

……アメリカ人にとって、これらの（注・米国のアジアにおける）権益を脅かす存在として、また、中国を支配下に置いて貿易と投資における機会均等を否定する強硬な膨張主義者とし

て、日本が浮かび上がってきた。

これが、当時の米国民の日本観だというのです。では、中国については——。

中国に関しては、パール・バックのベストセラー小説『大地』（一九三一年）が六年後には人気映画にもなり、中国の農民の辛抱強くて気高いイメージが固定化した。また、昔からの伝道的な考えにもとづいて、アメリカ人は自分たちこそが中国人の友達であり、保護者であり、かれらを教化する者であると考えるようになった。

パール・バックは一八九二年生まれ、宣教師だった両親に伴われて中国に渡り、自らも宣教師と結婚して中国に長年暮らした作家です。『大地』でピューリッツァ賞を受けたあと、一九三八年にはノーベル文学賞を受賞しています。

このパール・バックと同じ年に生まれ、やはり中国を描いたのが、アグネス・スメドレーです。中国に渡ってまもなく一九二九年に自叙伝『女ひとり大地を行く』を発表した後、共産党の戦いを取材、『中国の夜明け前』（三三年）、『中国紅軍は前進する』（三四年）を発表、三七年には中国紅軍の根拠地・延安に入って毛沢東や朱徳に会見、八路軍従軍記『中国は抵抗する』を出版したのでした。

同じジャーナリストで、スメドレーの前年に外国人として初めて延安に入り、毛沢東を取材したのが、エドガー・スノーです。スノーもまたルポ『中国の赤い星』を執筆・出版しました。こうした作家・ジャーナリストの活動によって、日本軍に侵略された中国の実情、そこに住む人々の様子は、きびしい状況下で抗日戦を戦いつづける紅軍の姿とともに米国民に伝えられていたのです。

一方、一九三七年8月、日本軍は上海で中国軍との戦闘に突入すると同時に、首都・南京への無差別爆撃を決行します。その様子は、折から南京で取材中だったパラマウントやユニバーサル映画社のカメラマンによって撮影され、報道されました（笠原十九司著『南京難民区の百日—虐殺を見た外国人』岩波現代文庫、以下も）。

同年12月、上海での戦闘を制した日本軍は南京攻略に向かい、軍民無差別の大虐殺に突入します。そのとき、市の中心部に「難民区」を設け、日本軍から市民たちを守ろうとしたのが、南京に住んでいた米国の宣教師を含む外国人たちでした。中でも女性たちを日本兵の暴行から守るために身を挺して活動したのが、米国の女性宣教師ミニー・ヴォートリン（金陵女史文理学院教授）でしたが、一九三九年に帰国した後、南京での活動中に受けた深い心的外傷後ストレス障害（PTSD）によりうつ病にとらわれ、翌年、ガスにより自ら命を断ったのでした。南京大虐殺の実態は、こうした人たちを通して米国民に伝えられました。

中国についての以上のようなさまざまの情報を通して米国民の中に形成されたのが、前述のような日中に対する認識——「強硬な膨張主義者」日本と、中国「農民の辛抱強くて気高いイメージ」だったのでしょう。日米開戦時の米国民の日本に対する敵愾《てきがい》心は、パールハーバーへの奇襲攻撃でにわかに火がついたのではなく、それ以前から徐々に形成されていたと見なくてはなりません。

第二次大戦勃発と緒戦ドイツの電撃的勝利

アメリカ大陸は西と東の両側で大洋（オーシャン）に面しています。西側は太平洋、その対岸にあるのが日本や中国、その反対側、東の方に広がっているのは大西洋で、その向こうにあるのがヨーロッパです。

そのヨーロッパでは、一九三九年9月1日、ついにヒトラーが総指揮をとるナチス・ドイツ軍がポーランド侵攻を開始しました。三日後、英国、フランスが宣戦を布告します。第二次世界大戦の始まりです。

しかし、英仏とドイツの間に戦闘は始まりませんでした。フランスで「奇妙な戦争」と呼ばれる七カ月が経過した翌四〇年4月になってドイツ軍は動き出し、まず北方のデンマークとノルウェーを占領、5月には中立を宣言していたベルギー、オランダを奇襲攻撃してたちまちこれを席巻《せっけん》し、つづいて西方の英仏連合軍に襲いかかります。

強力な空軍に援護されたドイツ軍機械化部隊は、意表をついたルートをとり、恐るべき速さで突進、フランダース平原の戦闘でフランス軍三〇個師団を圧倒し、兵力の三分の一を消失させます。その結果、フランス軍は急速に戦意を失って崩壊、英国軍三〇万もまたドーバー海峡に面したダンケルク海岸へ追いつめられます。このまま戦えば全滅は免れません。英国軍はすべての装備を捨て、ヨットや遊覧船まで動員してドーバー海峡を退却していったのでした。

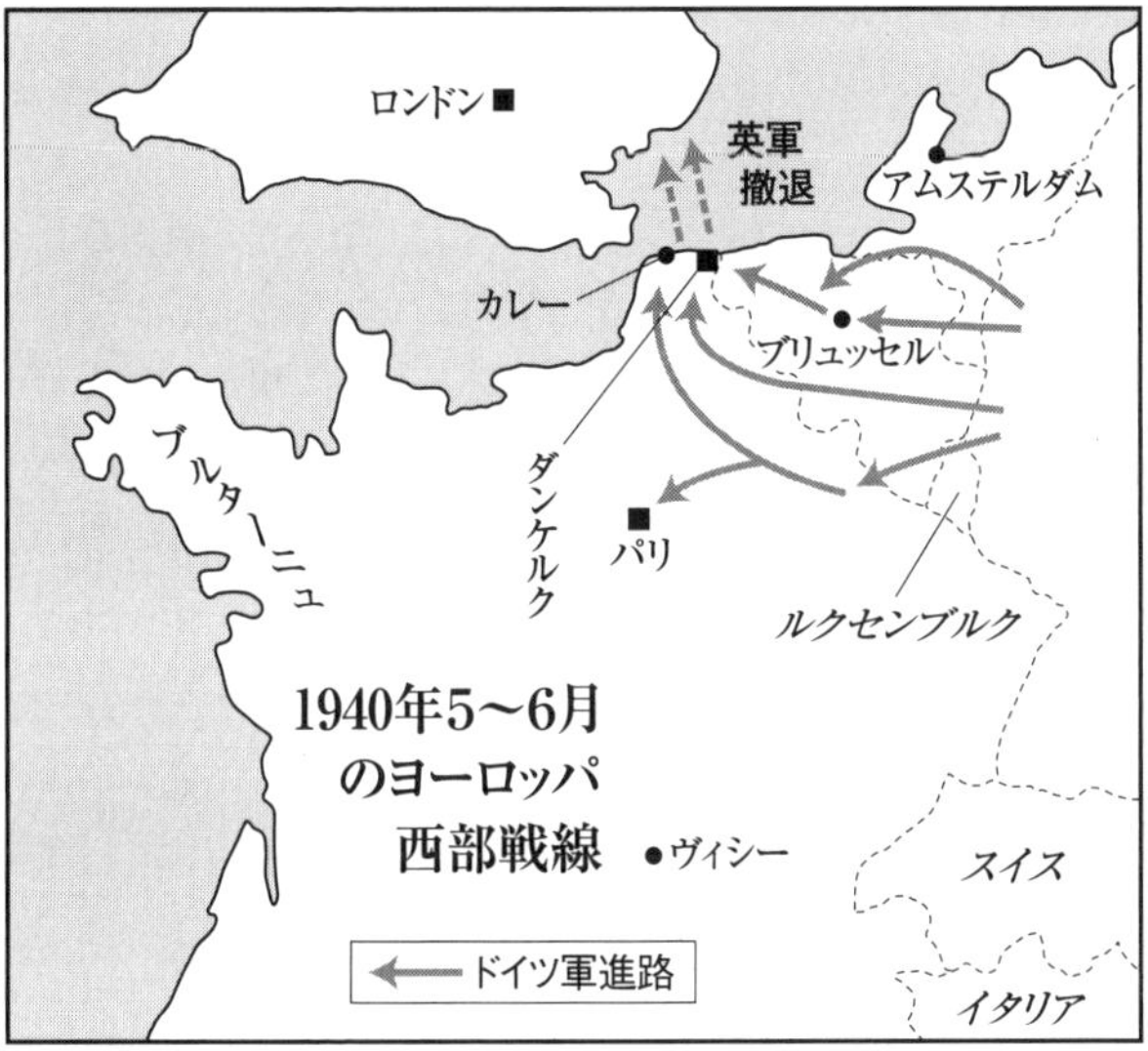

総崩れとなったフランス軍を排除して、6月14日、ドイツ軍がパリに入城します。南部のボルドーに疎開していたフランス政府は、戦争続行か休戦かで激論を交わした結果、ペタン元帥を中心とする休戦派が多数を制し、同月22日、ドイツと休戦協定を締結、以後、フランスの北部はドイツの占領下に入り、南半部は中部の都市ヴィシーのペタン政権が統治することになります。一方、抗戦派のド・ゴール将軍はロンドンに亡命、レジスタンスを叫びつづけます。

こうして、西ヨーロッパでナチス・ドイツに対抗する国は英国一国だけとなりました。フランス征服につづいて7月から、ドイツの戦闘機が英国に襲いかかります。9月に予定した英国本土上陸作戦を前に制空権を確保するためでした。

メッサーシュミットなどドイツ軍機はロンドンを中心に攻撃を加え、これをスピットファイアなどの英軍機が迎え撃ちました。二カ月あまり続いたこの激しい空中戦は「バトル・オブ・ブリテン」と呼ばれます。速さでは勝《まさ》ったドイツ軍機でしたが、滞空時間では劣り、千二百機をうわまわる航空機を失って、ついに制空権を奪うことはできませんでした。そのためヒトラーの英本土上陸作戦は挫折します。

しかし、それでドイツ軍機の攻撃が終わったわけではありません。9月から11月にかけ、平均二百機の爆撃機が毎晩のようにロンドン上空に現れ、無差別爆撃を行なったといいます。

こうした英国の窮状に対し、ルーズベルト大統領は英国への支援を呼びかけて、9月、駆逐艦五〇隻を英国に提供する協定を結ぶとともに、同じ9月、米国の軍備強化の必要を訴えて、選抜徴兵法を制定、平時で初めて徴兵制の実施を準備したのでした。

日独伊三国同盟の「敵国」はどこ？

ヨーロッパでのナチス・ドイツのはなばなしい進撃は、日中戦争の泥沼化に懊悩《おうのう》していた日本を、熱狂の渦の中に巻き込みました。ドイツと手を結ぶことで、いまの停滞した状況を打ち破ることができるように思われたからです。

仏領インドシナ（仏印《ふついん》。現在のベトナム、ラオス、カンボジア）を保有するフランスはドイツに降伏した。蘭領東インド（蘭印《らんいん》。現在のインドネシア）を持つオランダは、フランスより先に降伏している。この持ち主のなくなった仏印と蘭印を手に入れれば、日本も資源大国になれる、と政府も軍も浮き足立ったのです。「バスに乗り遅れるな」が流行語になりました。

南方への進出を成功裏にすすめるためにも、強国ドイツとの政治的結束を固めることが必要でした。９月初旬、日独の交渉が始まり、月末には、すでに６月に大戦に参戦していたイタリアも入れて日独伊三国同盟がベルリンで締結されます。

ところで、この日独伊三国の間では、三年前の一九三七年11月にローマで調印した議定書がありました（日独は一年前に調印、これに伊が参加）。「日独伊防共協定」と呼ばれるこの議定書の前文は、こう書き出されています。

> 大日本帝国政府、伊太利国政府および独逸国政府は、共産「インターナショナル」が絶えず東西両洋における文明世界を危険に陥れ、その平和および秩序を撹乱《こうらん》し、かつ破壊しつつあるに鑑《かんが》み……

これだけでもわかるように、「日独伊防共協定」はその呼び名の通り、ソ連と、ソ連が指導・推進する国際共産主義運動を「敵」として結ばれたものでした。

では、こんどの「日独伊三国同盟」において「敵」に設定されたのはどこの国だったでしょうか。句読点などを補い、読みやすくして条文を示します。

第一条　日本国は、独逸国および伊太利国の欧州における新秩序建設に関し指導的地位を認め、かつこれを尊重す。

第二条　独逸国および伊太利国は、日本国の大東亜における新秩序建設に関し指導的地位を認め、かつこれを尊重す。

ご覧のように、ドイツ・イタリアと日本は、ヨーロッパとアジアでのそれぞれの「指導的地位」を認め合ったのです。日本の場合は、のちに「大東亜共栄圏」と称するものの「盟主」となるということです。

つづいて第三条です。これが重要です。

第三条　日本国、独逸国および伊太利国は、前記の方針に基づく努力に付き、相互に協力すべきことを約す。更に、三締約国中いずれかの一国が、現に欧州戦争または日支紛争（注・

日中戦争）に参入しおらざる一国によって攻撃せられたるときは、三国はあらゆる政治的、経済的および軍事的方法により相互に援助すべきことを約す。

三国のうちの一国が他の「ヨーロッパの戦争、アジアの戦争に参入していない国」から攻撃されたときは、三国は互いに援助しあってその国と戦う、と決めたのです。

三国が協力し合って立ち向かうほどの大国で、まだ戦争に参戦していない国とは、どの国でしょうか。

ソ連と米国以外にはありません。このうちソ連については、つづく第五条でこう述べて除外しています。

第五条　日本国、独逸国および伊太利国は、前記諸条項が三締約国の各々と「ソヴィエト」連邦との間に現存する政治的状態に何らの影響をも及ぼさざるものなることを確認す。

ドイツとソ連は、この一年前、三九年8月に「独ソ不可侵条約」に調印しています。そこで、先の第三条の条項をもって独ソ不可侵の現状を変更させるようなことはしない、不可侵のままで行く、と言っているのです。となると、残る大国は米国一国だけです。

つまり、日独伊三国同盟は、米国を「敵」として締結された条約だったのです。一九四〇（昭和15）年9月27日、米国を「敵」と名指ししてナチス・ドイツおよびファシスト・イタリアと軍事同盟を結んだとき、日本は対米関係において後戻りのできない地点に踏み込んだのです。

米英ソの「援蒋ルート」と日本軍の仏印進駐

ヨーロッパの情勢をにらみながら、日中戦争は続いています。

南京を追われた蒋介石の国民政府は、武漢《ぶかん》をへて、三八年6月には長江をさかのぼった奥地の重慶へと移っていました。

この重慶に移った国民政府に対し、軍事物資を送り込んで支援したのが、ソ連と英国、そして米国でした。援助物資は、ソ連の場合は航空機をはじめ戦車や各種車両、それに大砲や機関銃など武器・弾薬が主で、英、米の場合はトラックやガソリンのほか機械部品、鉄材などの軍需品、それに砲や機銃などでした（戸部良一「米英ソ等の中国援助」、『近代日本戦争史・第3編』同台経済懇話会、以下も）。

これらの物資は、ソ連からは現在の新疆《しんきょう》ウイグル自治区の砂漠を横断して蘭州まで行き、そこから南下して成都・重慶に至る「西北ルート」を経由して、また英米の援助は、ビルマのラングーン（現ヤンゴン）から北上、ラシオをへて中国の雲南省に入り、昆明《こんめい》を通って重慶に至る「ビルマ・ルート」と、フランスの植民地だった北ベトナムの海港ハイフォンからハノイをへて雲南省に入り、昆明、貴陽をへて重慶に至る「仏印ルート」を経由して運び込まれました。とくにビルマ・ルートは山岳地帯を蛇行しながら縫ってゆく危険きわまりない険阻《けんそ》な道です。

これらのルートは、「蒋介石政権を支援するルート」という意味で「援蒋ルート」と呼ばれました。

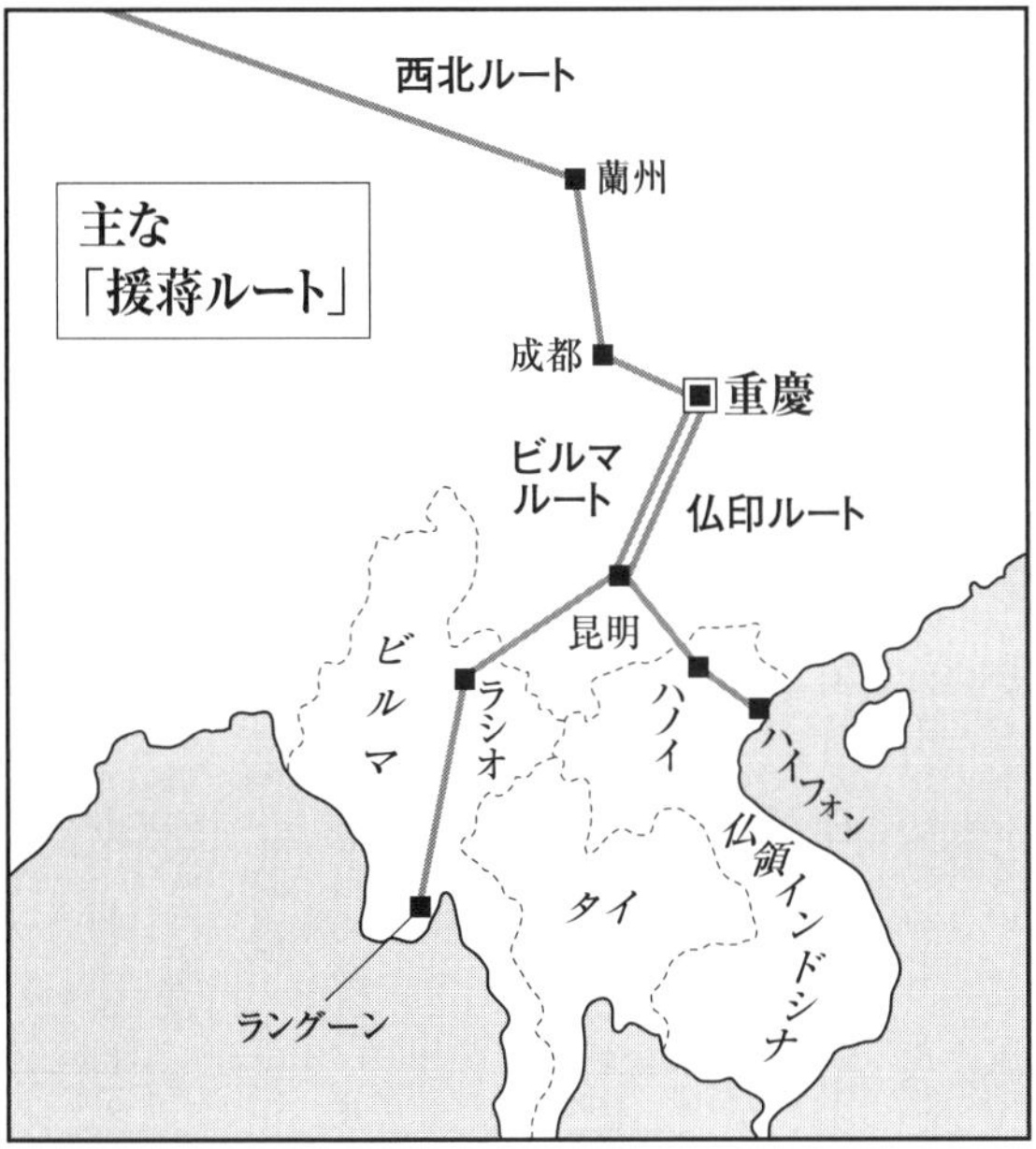

一九四〇年5月末、先に述べたように英国はダンケルクに追いつめられ、ドーバー海峡を渡って退却してゆきました。その窮地に立った英国に対し、日本は「ビルマ・ルート」の閉鎖を要求します。ビルマは英国の植民地だったからです。英国はもちろんすぐには承知しませんが、交渉のすえ、7月中旬に三カ月間の閉鎖を呑《の》みました。
あわせて日本は、仏印を植民地とするフランスに対し、「仏印ルート」の閉鎖を要求しました。フランスは、これも先に述べたようにドイツに降伏したばかりです。フランスの植民地総督は

中国との国境を閉ざしましたが、日本軍部の要求はそれだけにとどまりませんでした。外交交渉により、フランス側が日本軍の領内通過、三カ所の飛行場の使用、兵力五千人の駐屯などを認めたにもかかわらず、軍部はあくまで武力進駐にこだわり、9月23日、中国国境から北部仏印に入って抵抗するフランス植民地軍を打ち破り、またハイフォンからも上陸して、「仏印進駐」を強行したのです。

この日本軍の仏印進駐に対し、米国のハル国務長官はただちに、こうした日本の行為はアジアの現状を武力で破壊するものだと非難する声明を発表、中国への二五〇〇万ドルの借款供与を決めるとともに日本への屑鉄と航空機用ガソリンの輸出を禁止します。屑鉄というとたいしたものには聞こえませんが、当時の日本では鉄鋼生産の主要原料でした。その輸出を止めたのです。

英国もまた三カ月の期限が切れると、ただちに「ビルマ・ルート」を再開しました。

当時、英国がアジアに保有していた植民地は、インド、ビルマのほか、現在のマレーシアにあたる地域、シンガポール、そして香港です。英国が蒋介石の中国を支援した第一の理由は、アヘン戦争いらい自国の権益を植えつけてきた中国がまるごと日本の支配下に入ることなど許せなかったからでした。同時に、膨張主義に駆り立てられた日本が南方にまで手を伸ばしてくるのを、中国が満身創痍になりながら防ぎ止めてくれていると見ていたから、支援をつづけたのです。英国の中国支援は、ビルマ・ルート再開の10月に五二〇〇トンだったのが翌年1月には九一〇〇トン、

5月には一万四〇〇〇トンと、自らもドイツとの苦しい戦いを続けながらも増大してゆくのです。

しかし日本は、日独伊三国同盟締結の二カ月前、7月に成立した第二次近衛内閣において「基本国策要綱」を決定、その中で「大東亜新秩序の建設」を打ち出していました。その前文の中に、次のような一節があります。翌四一年末から始まる「大東亜戦争」のスローガンを先取りした文章なので紹介しておきます。

「皇国（注・天皇の国＝日本）の国是《こくぜ》は、八紘《はっこう》を一宇《いちう》とする（注・全世界を一つの家とする）肇国《ちょうこく》（注・建国）の大精神に基づき……まず皇国を核心とし、日満支（注・日本と満州と中国）の強固なる結合を根幹とする大東亜の新秩序を建設するにあり」

この「基本国策要綱」決定と同時期、大本営政府連絡会議で「世界情勢の推移に伴う時局処理要綱」を承認、日中戦争の解決をはかるとともに、ヨーロッパ情勢をチャンス到来と見て「対南方問題を解決す」、つまり南方に進出すると決めたのでした。

前述の北部仏印進駐も、この基本方針にもとづいて実行に移されたのです。

米大統領の「民主主義の兵器廠」宣言と「武器貸与法」の成立

一九四〇年11月の大統領選で三期目の当選を果たしたルーズベルトは、英国に対する支援の構えをいっそう明確にして、ラジオ放送「炉辺談話《ろへんだんわ》」で米国が「民主主義の兵器廠《しょう》」になることを訴えます。国民の間にも、参戦こそ望まないものの、長期の空襲に耐えている英国民への支援の声が高まり、支援物資を送る動きが盛んになっていました。

翌一九四一年1月、ルーズベルト大統領は年頭教書の中で有名な「四つの自由」の擁護を宣言します。四つの自由とは、言論の自由、信教の自由、欠乏からの自由、恐怖からの自由です。このうち「欠乏と恐怖からの自由」はこのあと8月に米英両国首脳によって合意された「大西洋憲章」に、領土不拡大や民族自決の原則などとともに取り入れられますが、そのあと五年の時空をこえて日本国憲法の前文にも生かされました。

「……われらは、全世界の国民が、ひとしく恐怖と欠乏から免《まぬ》かれ、平和のうちに生存する権利を有することを確認する」

いわゆる平和的生存権の宣言です。

この年頭教書によって、ルーズベルト大統領は、米国が第二次大戦に参戦するさいの旗印《じるし》の一端を宣明したといえます。それはまた、やがて迎えるナチス・ドイツの同盟国・日本との戦いの旗印でもあったでしょう。

次いでこの年3月、米国議会は「武器貸与法」を制定します。

この法律は、大統領が米国の安全保障上必要と見なした国に対して「船舶、航空機、武器その他の物資を売却、譲渡、貸与、支給する権限」を大統領に与えるというものです。

これにより大統領は、この法律にもとづいて枢軸《すうじく》国と戦う国を支援することができるようになりました。さっそく英国を、続いて中国を、米国はこの「武器貸与」により支えていきます。

「南進」への準備と「日ソ中立条約」締結

当時、東南アジアのほとんどが欧米諸国の植民地とされている中で（米国はフィリピンを保有）タイだけが独立を保っていました。四〇年9月、前に述べたように日本が北部仏印に進駐すると、タイのピブン政権はかつてフランスに割《さ》き取られていたタイ王国の失地の返還を要求、同年11月、ラオス国境でフランス植民地軍と軍事衝突を引き起こす事態となりました。

この国境紛争で、日本はタイ側に加担、フランスに武力示威行動をちらつかせます。フランス側は屈服して譲歩し、四一年3月11日、タイ・仏印協定が成立しました。日本がタイ側に付いたのは、やがて東南アジアに進出してゆく際に、タイを味方につけ、その国内を遅滞なく通過できるようにするためでした。

こうした日本の行動に対し、米国はさらに警戒を強め、日本に対して警告を発するとともに、英国とアジアでの共同防衛協定を結びます。

タイ・仏印協定を成立させた翌日の3月12日、松岡洋右《ようすけ》外相はシベリア鉄道経由でソ連に向けて出発します。日本軍が南方に出てゆくためには、「北方」の安全を確保しておかなくてはなりません。北方とはソ連をさします。そこで、独ソ不可侵条約を結んでいるソ連と、日本も不可侵条約を結ぼうと考えたのです。

しかし、モスクワで会ったスターリン書記長とモロトフ外相は、日本のシベリア出兵以来の北サハリンの利権解消が先決だとして提案に応じません。

そこで松岡外相はベルリンに行ってヒトラーに会い、ローマに行ってムッソリーニに会います。しかし両者から斡旋の協力は得られず、再びモスクワでスターリンとの交渉に入ります。交渉は難航しましたが、北サハリンの問題は後にまわすことにして、4月13日、やっと中立条約の調印にこぎつけることができました。

成立した「日ソ中立条約」は、相互に領土保全と不可侵を尊重し、一方が第三国の攻撃を受けた場合、他方は中立を守ること、というもので、期間は五年とされていました。調印式の後、駅まで送ってきたスターリンが、松岡の肩を抱き、「これで日本は安心して南方に向かえる」と言ったとかいう話です。

半年前、日本の代表として日独伊三国同盟を成立させ、こんどはソ連と中立条約を結んだ松岡は得意満面で凱旋、こうして日本は、着々と南進への道を固めていったのです。

南方進出を決定、対米英戦の決意を固める

ところがそれから二カ月あまりをへた一九四一年6月22日、突然のニュースが世界を驚愕させます。ドイツが、独ソ不可侵条約を踏みにじり、ソ連国境を突破していっせいに侵攻を開始したのです。空軍と地上の機械化部隊が連携した奇襲攻撃により、西部戦線と同じく電撃的勝利をおさめながら、ドイツ軍はソ連国内深く突き進んでいきます。

その事態を前に、日本はどうすべきか、議論が湧き起こります。真っ先に動いたのは松岡外相でした。自分が結んできた日ソ中立条約を破棄して、この機を逃さずソ連に攻め込むべきだというのです。松岡は即日、皇居に参内《さんだい》して昭和天皇に「北進」を上奏します。

これに同調したのが、参謀本部を中心とする陸軍でした。陸軍にとって、ロシア＝ソ連は、日露戦争以来の宿敵（仮想敵国）だったからです。そして実際、7月7日から空前の規模で「関東軍特種演習（関特演）」を実施するのです。極秘のうちに、満州・朝鮮に八五万の兵力を集結させるという、日本陸軍はじまって以来の大動員でした。

しかし、日本が予想していたように、ドイツとの戦いのため極東ソ連軍が大量に西へ移動するという事態は生じなかったため、この関特演は演習だけで終わりました。ソ連の方も、ドイツの同盟国・日本が満州国境をこえて侵攻してくる恐れがあることを、当然読んでいたからです。

陸軍の「北進」に対して、「南進」を主張していたのが海軍の中堅幹部たちでした。陸軍のソ連に対して、海軍にとっての伝統的な「仮想敵国」は米国だったからです。一九二二年のワシントン海軍軍縮会議、三〇年のロンドン軍縮会議の主題も、米国、英国と日本の軍艦保有量制限の比率をどうするかが主題でした。日本海軍の視野の中心を占めていたのは、太平洋対岸の米国海軍の存在だったのです。

ただし、軍艦を動かすには石油が必要です。その石油の大半を、日本は米国から輸入しています。当時はまだ中東の石油は大量に産出されておらず、米国が最大の産油国でした。したがって、日本海軍にとって米国は、第一の仮想敵国でありながら、めったなことでは戦端を開くことのできない相手国だったのです。

しかし日米間の緊張は急速に高まってきています。ヨーロッパではドイツ軍が破竹の進撃をつづけています。日本の石油の輸入は、米国からが七割、残り三割が蘭印と北サハリンからでした。南進して蘭印を押さえれば、石油の確保は見通しが立ちます。

こうした海軍の思惑も影響して、陸軍の中にも資源獲得のための南進論が次第に強くなっていきました。

6月30日、大本営（戦争遂行のための最高指導・決定機関）と政府首脳部との連絡懇談会が開かれ、松岡外相一人だけは対ソ戦に固執したものの、結論としては対ソ、対米の両方をにらんだ「南北併進《へいしん》」に落ち着きました。

7月2日、この方針は天皇も出席した「御前《ごぜん》会議」（大本営政府連絡会議）で「帝国国策要綱」として正式に決定されます。そこでは、ソ連に対しては、独ソ戦の推移を見て日本に有利な情勢になったと判断したら武力行使に入る、として、南方進出と対米英戦については次のように述べていました（傍線は筆者）。

帝国はその自存自衛上南方要域に対する必要なる外交交渉を続行し、その他各般の施策を促進する。このため、対英米戦準備を整え……仏印およびタイに対する諸方策を完遂《かんすい》し、もって南方進出の態勢を強化する。帝国は本号目的達成のため対英米戦を辞せず。

ここに、日本軍の東南アジア進出と、そのためには対米英戦も辞さないという国家の基本方針が、天皇を交えた最高会議で決定されたのです。なおここで使われた「自存《じそん》自衛」という言葉が、太平洋戦争に突入する「理由」として「開戦の詔勅《しょうちょく》」でも用いられることになります。

日本軍の南部仏印進駐と米国の石油輸出全面禁止

7月28日、日本軍は「帝国国策要綱」にしたがい、サイゴン（現ホーチミン市）を中心とする南部仏印（ベトナム南部）への進駐を開始しました。南部仏印は、南シナ海をはさんでフィリピンと東西に直接向き合う位置にあります（次ページ地図参照）。そのフィリピンは先に書いたように、当時は米国の植民地でした。サイゴンからはまた、シンガポール爆撃が可能でした。南部仏印はまさに東南アジア諸地域への〝出撃基地〟の位置にあったのです。

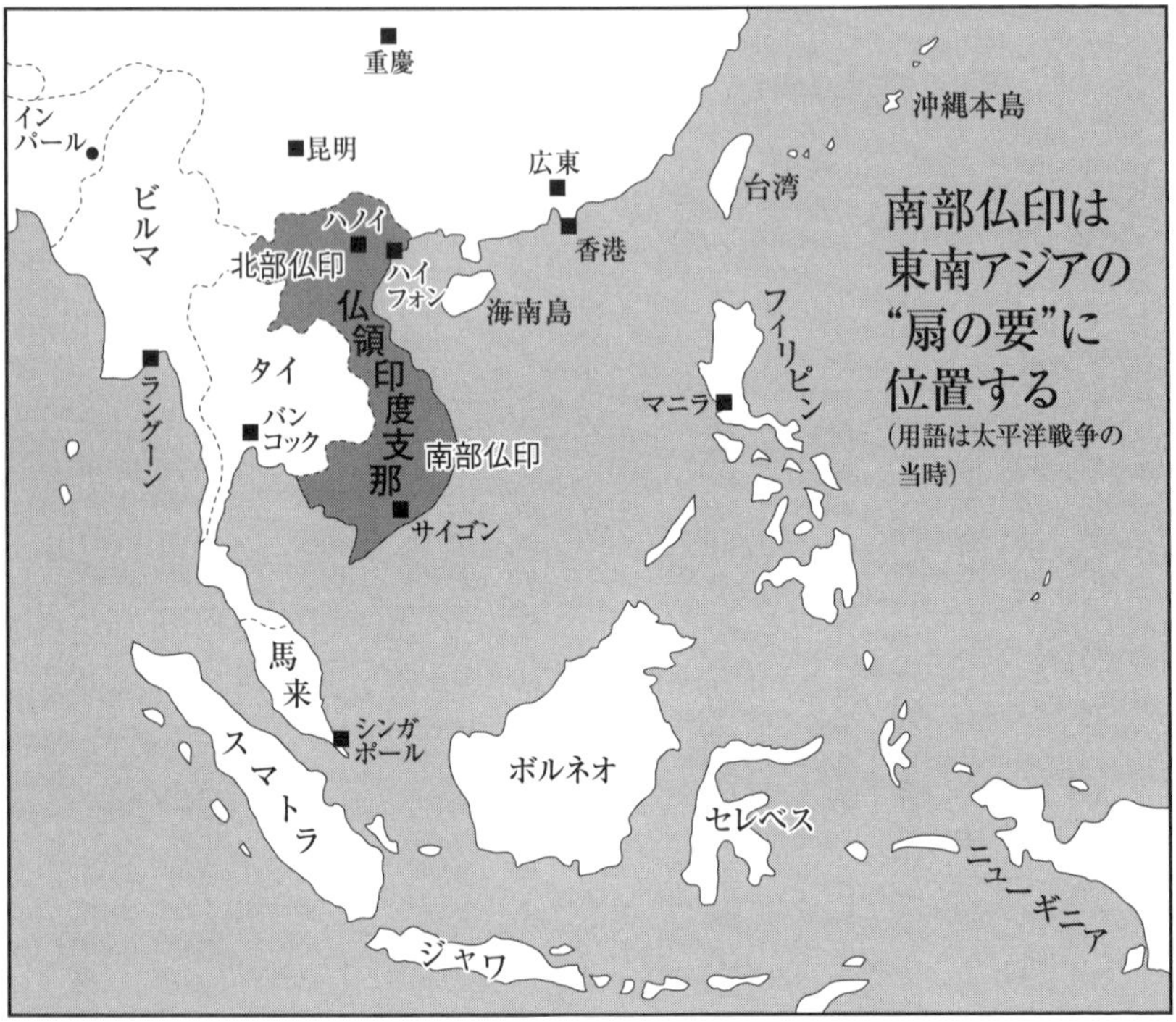

日本軍の南部仏印進駐の動きを知った米国は、7月21日、日本に警告を発します。この年1月、日米の国力（生産力）の落差を知る近衛文麿首相は、ルーズベルトとも親交のあった野村吉三郎海軍大将を駐米大使に任命、日米衝突を避けたいと交渉を重ねてきていたのですが、米国が発した警告は、今回の南部仏印進駐はその日米交渉の基盤を消滅させる、つまり交渉はもはや無意味になる、というものでした。

そして25日、日本軍の仏印進駐を確認すると、米国は日本の在米資産を凍結、つづいて8月1日にはついに日本への石油の輸出を全面禁止したのです。

当時、日本には全体で九四〇万キロリットル、平時では二年分の石油備蓄がありました。しかし、戦争に突入したら、軍艦を動かすのも、飛行機を飛ばすのも、戦車を走らせるのも、すべて石油燃料ですから、この程度の備蓄では一年も持たないかもしれません。そうした危機感から、備蓄を少しでも減らさないうちに、という早期開戦論が海軍を中心に高まっていきました。

いまや時間の問題となった対米開戦

8月13日、陸軍は「南方作戦構想陸軍案」をまとめます。それは、12月初旬に作戦を開始し、翌年5月までに香港、マレー、シンガポール、フィリピン、グアム、英領ボルネオ、蘭印（スマトラ、ジャワ）を攻略するというものでした。

8月22日、海軍も南方作戦案をまとめ、陸軍に通告しました。海軍の最大の関心は米国太平洋艦隊との決戦であり、そのため開戦と同時に空母を中心とする機動部隊がハワイ真珠湾の米海軍基地を奇襲攻撃するとともに、巡洋艦部隊がフィリピンを攻撃、一部を陸軍のマレー半島上陸作戦に向ける、というものでした。パールハーバー奇襲作戦の方針は、この時点ですでに出来ていたのです。

9月1日、海軍は連合艦隊の編制を戦時編制へと切り替えました。

9月6日、政府と軍の首脳部が出席しての御前会議が開かれ、「帝国国策遂行要領」が決定されます。その第一項はこう述べていました。

「一、帝国は自存自衛を全《まっと》うするため、対米（英蘭）戦争を辞さざる決意の下に概《おおむ》ね十月下旬を目途《もくと》とし戦争準備を完整す」

このあと第二項では戦争準備と並行してなお「米英に対し外交の手段を尽くす」と述べてはいましたが、南部仏印進駐に踏み切ってしまった以上、外交交渉の見通しが立つ余地はありません。そのことを十分承知しながら、第三項では、その外交交渉で「十月上旬頃に至るも」事態が打開できないときは、「直ちに対米（英蘭）開戦を決意す」と決めていました。

この「国策遂行要領」の決定により、対米開戦はついに時間の問題となったのです。

9月8日、杉山元《はじめ》・参謀総長は、陸軍の作戦計画を天皇に上奏、裁可を受けました。その計画は、開戦に当たり、マレー半島奇襲上陸、フィリピンへの先制攻撃、タイへの進駐、香港への攻撃を同時に行なうというもので、そのための準備命令がこのあと次々に発令されていきます。

海軍では、ハワイ奇襲作戦の計画についての具体的な検討がつづきました。この奇襲攻撃を最も強力に主張したのは山本五十六《いそろく》・連合艦隊司令長官で、この年の初めからひそかに研究し、8月に軍令部（陸軍の参謀本部に当たる）に提案、検討させてきたものでした。米国に留学、駐米日本大使館の駐在武官を務めた経歴をもつ山本司令長官は、米国海軍の底力を十分に知っており、尋常の戦法ではとうてい勝ち目がないことを自覚していたからです。しかし、この奇襲作戦が米国民の日本に対する敵愾心《てきがい》を奮《ふる》い立たせ、戦争へ駆り立ててゆく、その心理的効果について、どれほど読んでいたかはわかりません。

こうした日本の動きに対して、米国の戦争準備も当然進んでいました。7月には、フィリピンに、マッカーサー中将を司令官とする米極東陸軍司令部が新設され、長距離爆撃機B17の配備も始まりました。国内では、ヨーロッパの情勢もにらんで、前年に成立した選抜徴兵法の適用と、召集による陸軍の大増強がすすめられました。

東条内閣の出現、そして開戦へ

「国策遂行要領」で決められた「十月上旬」が迫ってきました。

軍は近衛首相に対し、開戦の日取りの決定を求めます。ここで、近衛文麿首相は動揺しました。なんとか交渉によって解決の道はないかと閣僚たちに相談を持ちかけます。しかし、ハル米国務長官から出されている要求は、仏印からの撤退はもとより中国全土からの日本軍の撤兵でした。もちろん陸軍が呑《の》めるはずがありません。東条英機・陸軍大臣はこう語っていました。

「このようなこと（注・中国からの撤退）は、陸相としても、日本陸軍としても、大陸に尊い生命を捧げた幾多の犠牲に対し、絶対に認めることはできない」

交渉継続にすがりつく首相と、開戦を主張する陸相との対立は解けず、10月14日、近衛内閣は総辞職しました。

四日後の10月18日、東条内閣が成立しました。東条首相は現役軍人として陸相と内相（内務大臣）を兼任しました。内務省は警察と地方行政を統括する官庁です。東条首相はつまり、軍と警察の両方を自らの管轄下に置いたのです。

軍服を着た首相の登場は、外国からは「戦争内閣」の出現と見なされました。国民もそう思ったのは言うまでもありません。

11月1日、大本営政府連絡会議は、新版「帝国国策遂行要領」を決定しました。こういう内容でした。

一、帝国は現下の危局を打開して自存自衛を完《まっと》うし大東亜の新秩序を建設するため、このさい対米英蘭戦争を決意し、左記の措置を採る。

（1）武力発動の時期を一二月初頭と定め、陸海軍は作戦準備を完整す。

（2）対米交渉は別紙要領に依り之《これ》を行う。

（3）独伊との提携強化を図る。

（4）武力発動の直前、タイとの間に軍事的緊密関係を樹立す。

二、対米交渉が一二月一日午前零時までに成功せば、武力発動を中止す。

第二項に「対米交渉が……成功せば」とありますが、その可能性など万分の一もありません。日本が要求していた控えめの「乙案」でも、日本が仏印以外には出て行かないかわりに、蘭印の資源の獲得が保証され、米国は対日関係を資産凍結以前に戻して石油も供給する、という虫のいいものだったからです。

この乙案は11月20日、米国に手渡されますが、26日、ハル国務長官から示されたその回答「ハル・ノート」は、満州事変以降の日本の行動をすべて撤回、満州事変以前の状態に戻せ、という強硬なものでした。

この最後通告同然の回答を受け取って、11月27日、大本営政府連絡会議が開かれ、そこで作成された原案をもとに12月1日、御前会議が開かれ、対米英蘭開戦を正式に決定したのです。

この御前会議が終わった後の昭和天皇の様子が、杉山元・参謀総長による克明な記録、通称『杉山メモ』に記されています。会議後、参謀総長（陸軍）と軍令部総長（海軍）が南方軍への任務命令を伝えた際の、天皇とのやりとりです。

お上　このようになることは已《や》むを得ぬことだ。どうか陸海軍はよく協調してやれ。

杉山　誠に有難い御言葉を拝し感激に堪えませせぬ、両総長は幕僚長として死力を尽くして将兵を指導し、聖慮《せいりょ》を安んじ奉ります。

お上　今朝以来、米の状況に変化はないか。
杉山　本朝、上奏いたしましてからは、米「マリーン」が四百名ずつ二度「マニラ」に入ったほか、変わったことはございませぬ。
竜顔《りゅうがん》いと麗《うるわ》しく拝し奉れり。

この御前会議から一週間後の12月8日朝6時、ラジオから流れたニュース――大本営発表が人々の耳朶《じだ》を打ったのでした。
「帝国陸海軍は本八日未明、西太平洋において米英軍と戦闘状態に入《い》れり」

「謀略」介入の余地もなかった日米開戦への一本道

以上が、日本が日中全面戦争に突入してから対米開戦にいたるまでの日米関係のあらましです。年表にすると、以下のようになります。

一九三七年12月　日本軍、中国の首都・南京を攻略。
一九三八年10月　米国、中国に対する日本の独占的支配に抗議。
12月　米国、中国の蒋介石政権に対し二五〇〇万ドルの借款《しゃっかん》を供与。

一九三九年9月　ナチス・ドイツ、ポーランドに侵攻。
一九四〇年3月　米国、中国に二〇〇〇万ドルの借款供与。
5月　ドイツ軍、ベルギーとオランダを席巻《せっけん》、英仏軍を撃破、英軍、ダンケルクから撤退。
6月　ドイツ軍、パリ入城、フランス降伏。
7月　ドイツ軍機、ロンドン空爆開始。
〃　政府、「基本国策要綱」決定。「大東亜の新秩序建設」をうたう。
〃　米国、屑鉄と航空機用ガソリンの対日輸出を禁止。
〃　大本営政府連絡会議、「世界情勢の推移に伴う時局処理要綱」を決定、日中戦争の解決とあわせ南方への進出を決める。
9月　米国、選抜徴兵法を制定、平時で初めて徴兵制をしく。
〃　日独伊三国同盟締結。
〃　日本軍、北部仏印へ進駐、蒋介石政権支援の「仏印ルート」を遮断。
11月　ルーズベルト大統領、米国が「民主主義の兵器廠」となる決意を示す。
一九四一年3月　米国、武器貸与法を制定、英国と中国に対し武器の供与を始める。
〃　日タイ協定締結。
6月　ドイツ軍、ソ連に侵攻。

7月　大本営政府連絡会議の「帝国国策要綱」で、南方進出の態勢強化、対英米戦争を辞さず、と決定。
〃　日本軍、南部仏印へ進駐。
〃　米国、日本の在米資産凍結、石油の対日輸出を全面禁止。
〃　米国、フィリピンにマッカーサー司令官の下、米極東陸軍司令部を新設。
8月　日本の陸海軍、「南方作戦構想案」作成。
9月　御前会議、「帝国国策遂行要領」を決定——対米英蘭戦争を辞さぬ決意の下、10月下旬を目途として戦争準備を完整する。
10月　近衛内閣総辞職、現役の陸軍中将を首班とする東条内閣登場。
11月　大本営政府連絡会議、新版「帝国国策遂行要領」を決定——武力発動の時期を12月初頭と定め、陸海軍は準備を完整する。
11月26日、米国「ハル・ノート」を提示。
12月1日　御前会議、「対米交渉不成立を確認、帝国は米英蘭に対し開戦す」と決定。

以上の経過を見ると、とくに一九四〇年の後半以降、日米関係が緊迫していったことがよくかります。

中国を侮《あなど》っていた日本軍は、中国軍に一撃か二撃をくらわせ、首都を攻略すれば、中国は容易に手を挙げるとふんでいました。しかしそれはとんでもない見込み違いでした。ソ連や英国、米国などからの国際的支援も受け、中国軍民はしたたかな抵抗をつづけます。

満州の関東軍も合わせ百万の軍を投入しても、日本軍は都市と鉄道の点と線を維持するのが精いっぱいで、戦争は泥沼化、出口はまったく見えなくなってしまいました。

そうした中、ヨーロッパ戦線でのドイツの電撃的勝利の情報が飛び込んできます。オランダ、フランスはすでに降伏、英国もドイツ空軍による連日の空爆を受けています。東南アジアを植民地として領有する宗主国がそろって窮地に立たされているのです。

それを見て、政府と軍の首脳部で構成する大本営政府連絡会議は、「世界情勢の推移に伴う時局処理要綱」を決定、「速《すみ》やかに支那事変（日中戦争）の解決を促進するとともに、好機をとらえ対南方問題を解決す」として初めて南方への進出の方針をかかげます。またそのために「特に速やかに独伊との政治的結束の強化」を打ち出します。東南アジアには、蘭印の石油をはじめ豊富な資源があります。それらを手に入れ、ドイツと手を結ぶことによって、泥沼化した日中戦争の閉塞《へいそく》状況を突破しようと考えたのです。

こうして日独伊三国同盟が締結されます。ところがこの軍事同盟で「敵国」と名指しされていたのは、米国にほかなりませんでした。日本はいわば「虎の尾を踏んで」しまったのです。

以後、日米関係は急速に緊張度を高めていきます。中国への支援を強めるとともに、屑鉄や航空機用ガソリンの輸出禁止で日本に直接の圧力を加え、また国内でも選抜徴兵法や武器貸与法の制定など参戦の態勢を固めつつ枢軸国《すうじく》への対決姿勢を鮮明にしてゆくのです。

とくに四一年7月の日本軍の南部仏印への進駐後、日米間の対立はのっぴきならないものとなります。前に述べたように、サイゴンを中心とする南部仏印（現ベトナム南部）は、ビルマ・マレー半島（英領）、蘭印（オランダ領、現インドネシア）、フィリピン（米領）をにらむ、扇のかなめの位置にあります。この東南アジア諸地域への出撃拠点となる要地を、日本軍が確保したのです。このあと日本がどのような行動に出るか、火を見るより明らかです。

米国も、フィリピンとグアムを自国領として保有しています。スペインとの戦争に勝利して獲得した「領土」です。そのフィリピンの南シナ海をはさんだ対岸のサイゴンを日本軍が占領、部隊と軍需物資の集結を開始しました。

このとき以降、日米開戦はもはや時間の問題としか言えなくなったのです。

以上のようなプロセスをたどって、日本は米国との戦争に突入していきました。振り返れば、四〇年9月、日独伊三国同盟を締結した時点から、日本の政府・軍の指導部は明らかに日米開戦へとつづく一本道に入り込み、翌年夏、仏印南部に進駐して以降は、道幅も狭く坂道となったその道を、開戦に向かって滑り落ちていったのです。

そのプロセスに、コミンテルンが謀略をめぐらす必要はなく、その余地もなかったでしょう。

V
「大東亜戦争」がアジア諸民族を解放したというのは本当か？

事実を検証するための三つの視点

いよいよ「田母神論文」主張の最後の論点です。

田母神氏はこう書いていました。

大東亜戦争の後、多くのアジア、アフリカ諸国が白人国家の支配から解放されることになった。人種平等の世界が到来し国家間の問題も話し合いによって解決されるようになった。それは日露戦争、そして大東亜戦争を戦った日本の力によるものである。もし日本があの時大東亜戦争を戦わなければ、現在のような人種平等の世界が来るのがあと百年、二百年遅れていたかもしれない。

文末の「あと百年、二百年遅れていたかも」というのは田母神氏流の誇張でしょうが、こういう主張もまた田母神氏のオリジナルのものではありません。いや、これまでの氏の主張のうち最も広く受け入れられている主張といえるかも知れません。

この主張が受け入れられやすいのは、それが次のような「事実」に立っているからです。

■かつて東南アジアはタイを除き欧米諸国の植民地とされていた。

■太平洋戦争での日本軍の進駐によってそれら欧米の宗主国はいったんは駆逐された。
■太平洋戦争後、東南アジア諸民族は独立を果たした。

右の三点をつなげれば、日本の「大東亜戦争」がアジア諸民族を欧米諸国の植民地支配から解放したという主張は簡単に引き出せます。

しかし、本当にそう言えるのでしょうか。

そのことを確かめるには、次の三つの視点からの検証が必要です。

1　日本はどのような意図（方針）で東南アジア（南方）へ進出していったのか。

2　進出していった東南アジアで、日本軍は現地の人々とどのように接し、どのように行動したか。

3　東南アジア諸民族はどのようにしてその独立を達成したのか。

この三点の検証を抜きにして、日本が東南アジアを解放したなどと言うことはできません。

以下、1の点から見ていきましょう。

日本軍は東南アジアとその地の人々をどう見ていたか

前の章で述べましたが（一九九ページ）一九四〇（昭和15）年7月に成立した第二次近衛内閣は、同月下旬に「基本国策要綱」を決定して「大東亜新秩序の建設」をうたい、あわせて南方進出の方針を打ち出します。

この方針にもとづいて、9月、北部仏印（現在のベトナム北部）に進駐、翌四一年7月には南部仏印（現ベトナム南部）にも進駐、石油をはじめ重要資源の確保を求めて日本軍の南方進出が決定的となります。

占領した後どうするか、その方針は開戦の少し前、四一年11月20日の大本営政府連絡会議で決定されます。

「南方占領地行政実施要領」

と名づけられています。その「第一　方針」にはこう書かれていました（傍線、筆者）。

占領地に対しては、差し当たり軍政を実施し、治安の回復、重要国防資源の急速獲得および作戦軍の自活確保に資す。

占領地領域の最終的帰属ならびに将来に対する処理に関しては、別にこれを定むるものとす（参謀本部編『杉山メモ――大本営政府連絡会議等筆記』）。

わずか百字にも満たない短い文章ですが、この中に重大なことがいくつも述べられています。

まず、「軍政を実施する」です。占領した後は軍が行政を取りしきる、ということです。

次に「治安の回復」。軍への抵抗は許さない、ということです。

次が「重要国防資源の急速獲得」。説明するまでもありません。これが占領の第一目的だからです。「急速獲得」の表現に、切迫の度合いがうかがわれます。

そして「作戦軍の自活確保」。この意味が重大です。作戦軍とは、その地を占領した日本軍のことで、何千人、何万人もの将兵の日々の食糧は現地で調達する、ということです。

最後の「占領地領域の最終的帰属」の問題。将来、独立させるか、それとも日本の植民地にするかは、別に定める、というのです。

日本軍の東南アジア進出＝占領がどんな性質のものであったか、これだけでも明らかですが、さらに次の「第二　要領」を見るといっそう具体的にわかります。

全部で一〇項目あるうちの五、六はこうです。

五　占領軍は貿易および為替管理を施行し、特に石油、護謨《ごむ》、錫《すず》、タングステン、キナ（注・マラリアの特効薬キニーネの原料）等の特種重要資源の対敵流出を防止す。

六　通貨はつとめて従来の現地通貨を活用流通せしむるを原則とし、やむを得ざる場合にありては外貨標示軍票を使用す。

この六の「軍票」というのは軍が発行する紙幣のことです。それがどんなに重大なことだったかは後で述べます。

つづいて七にはこうあります。

七　国防資源取得と占領軍の現地自活のため民生に及ぼさざるを得ざる重圧は、これを忍ばしめ……

「資源や食糧を取られて民衆の生活は重圧を受けるだろうが、それは我慢させて」と言っているのです。

そして八ではこう言明しています。


原住土民に対しては、皇軍（注・日本軍）に対する信倚《しんい》（注・信頼）観念を助長せしむるごとく指導し、その独立運動は過早《かそう》に誘発せしむることを避くるものとす。


まず「原住土民」という言い方です。この一語だけで、当時の日本軍が東南アジアの人々をどう見ていたかが分かります。

そして後半、独立運動は早過ぎるからそれを誘発するようなことは避けるように、と言っています。

以上が、東南アジアに出て行く前の日本政府・軍の占領行政方針です。
では、実際に占領した後、その方針はどのように変わったでしょうか。

現マレーシア、インドネシアは「大日本帝国の領土とし…」

開戦から一年半後の一九四三年5月31日、天皇を迎えた御前会議で、対アジア政策の基本方針を決定します。

「大東亜政略指導大綱」

といいます。これも「方針」と「要領」から構成されていますが、その「要領」の中の東南アジア地域についての方針は次の通りです。同じく『杉山メモ』下巻からの引用です。

四、対ビルマ方策

一九四三年三月十日の大本営・政府連絡会議の決定により、バーモウ行政府長官を指導者として、ビルマ国を独立させる。

五、対フィリピン方策

なるべく速やかに（本年十月ごろの予定）独立させる。

六、それ以外の占領地域への方策
マレー・スマトラ・ジャワ・ボルネオ・セレベスは、大日本帝国の領土と決定し、重要資源の供給源として、極力その開発と民心の把握につとめる。
これらの地域では、当分、軍政を継続する。
なお、これらの地域を帝国領土とする方針は、当分、公表しない。

右のうち、ビルマについては、アウンサン司令官の率いるビルマ独立義勇軍が、開戦いらい日本軍とともに英国軍と戦ってきたこと、また英国領インドに隣接するビルマでの戦況は険しく、ビルマ住民の全面的協力が必要だったことなどから、早期独立を認めたのです（なお、このアウンサン司令官は、今日のビルマの民主化運動のリーダーであるアウンサンスーチーさんの父親です）。

またフィリピンについては、スペイン統治時代から独立運動がたたかわれ、一八九八年に米国領とされた後も独立運動はつづけられて米国議会にもたびたび独立を請願、ついに一九三三年、米議会は独立を承認、フィリピン独立は一九四六年7月4日と日にちまで決まっていたのです。「大東亜共栄」をうたっている以上、日本政府・軍もそうした経緯を無視することはできなかったのでしょう。

ビルマ、フィリピンについては、こうした事情があって独立を認めたのですが、現在のマレーシア、インドネシアについては独立など頭から問題にしてはいませんでした。

もともと石油をはじめ軍需産業に必要な物資の多くは、この現マレーシア、インドネシアが産地となっていました。したがって、ビルマやフィリピンの独立は認められても、この地域を手放すわけにはいかなかったのです。

この御前会議の議事の進行は東条英機総理大臣がとりしきり、議題の説明も総理がおこないました。その中で、この地域の扱いについては次のように述べています。原文のまま紹介します。

「マライ」「スマトラ」「ジャワ」「ボルネオ」「セレベス」は民度低くして独立の能力乏しく、かつ大東亜防衛のため帝国において確保するを必要とする要域でありますので、これらは帝国領土と決定し、重要資源の供給源として、極力これが開発ならびに民心の把握に努むる所存であります。これらの地域においては、当分の間、依然軍政を継続いたしますが、原住民の民度に応じて、努めて政治に参与せしむる方針でありまして、現に政治参与を要望しておりまする「ジャワ」に対しては、特にこれを認めるつもりであります。

ここに、日本の南方進出（侵略）の意図がストレートに表現されています。「大東亜戦争」がアジア解放の戦争だった、といった言説が悪質なデマ宣伝であることは、この一事だけからでも明らかでしょう。

シンガポールでの華僑虐殺

次に、「②太平洋戦争中に日本軍が進出していった東南アジアで、日本軍は現地の人々とどのように接し、どのように行動したか」という問題です。

日本軍が現地の人々をどう見ていたかは、先の「南方占領地行政実施要領」で使っていた用語「原住土民」から類推できますが、どう振る舞ったかについては次の二つの事実について紹介することにします。

一つは、シンガポールでの華僑（華人）虐殺、いま一つは「軍票」の問題です。

一九三七年に始まる日中全面戦争での大虐殺事件として知られるのは同年12月からの南京大虐殺ですが、四一年12月から始まった太平洋戦争での大量虐殺事件といえば、翌四二年2月に引き起こされたシンガポールでの華僑虐殺が第一に挙げられます。犠牲者の数は、現地シンガポールでは四万人から五万人といわれ、日本軍の資料でも五千人という数が示されています。しかも日本軍は、戦闘に勝利して全島を占領したその後、わずか数日間で、無抵抗の市民を後ろ手にしばって整列させ、機関銃を浴びせて殺害したのです。「処刑」さながらの殺害でした。

以下、綿密な実証にもとづき、一冊の著作として初めてこの事件の全容を伝えた林博史・関東学院大学教授の『シンガポール華僑粛清』（二〇〇七年、高文研）により、事件の輪郭を紹介します。

一九四一年12月8日、マレー半島の東海岸、コタバルに奇襲上陸した日本軍はただちにマレー半島を南下、一一〇〇キロの距離を五五日間で踏破して、翌四二年2月8日、半島南端のシンガポール島に襲いかかります。一週間の戦闘の後、15日、英国軍は降伏、全島が日本軍の占領下に入りました。

太平洋戦争が、日中戦争の泥沼化を打開しようとして始められたことは前に述べましたが、このシンガポール華僑の大虐殺も、日中戦争と密接な関係がありました。

現在もそうですが、シンガポールは多民族で構成されています。中国人、マレー人、インド人、ヨーロッパ人などです。当時の人口は約七七万人、うち中国人が六〇万人、つまり約八割を中国人が占めていました。

いまは一般に「華人」といいますが、当時は「華僑」といいました。海外には出ても中国国籍を保有し、中国を祖国として深く意識していた人たちです。

日中戦争が始まると、シンガポール華僑は「新嘉坡《シンガポール》華僑籌賑《ちゅうしん》祖国難民大会」を結成します。それはまもなく東南アジアの華僑を結集する「南洋華僑籌賑祖国難民総会（南僑総会）」に発展、義捐《えん》金募集、日本製品のボイコット、国民党政権のための投資、また回国服務運動にとりくみました。回国服務運動とは、前章で述べた「援蒋ルート」（仏印ルートやビルマ・ルート）によって重慶に物資を運ぶトラックの運転手に志願して活動することです。山腹にきざまれた曲がりくねった道路を走る危険な任務でした。こうした運動の中心となったのが、シンガポール華僑だったのです。

さらに太平洋戦争が始まると、シンガポール華僑は英国当局からの要請もあって「星州華僑抗敵動員総会」を結成、労働力の提供とともに華僑義勇軍の組織化にもとりくんだのでした。

広く知られているエピソードに、シンガポール攻略戦での天王山となったブキテマの激戦で最も勇猛果敢に戦ったのが華僑の義勇軍であり、それへの報復として日本軍は華僑虐殺を決行したのだという話があります。しかし、林教授の研究によると、それを実証する資料はなく、この話は作られた伝説だということです。

しかし、中国本土での蒋介石政権の徹底抗戦に手を焼き、それを米英とともに背後から支えるシンガポール華僑の存在は日本軍もよく知っており、そのしたたかな抵抗の芽を先回りして摘《つ》み取っておこうとしたのでしょう。

それにしても、シンガポールの華僑の人口は六〇万です。もちろん全員を殺すことなどできません。だれを生かし、だれを殺すか、「選別」しなくてはなりません。その任務に当たるのは、軍の警察官である憲兵です。しかし、やってきたばかりの憲兵に、選別のための情報・資料などあるわけがありません。しかもそれを数日間でやってのけるというのです。結局は出頭させて、その風貌、服装などから、この男は従順そうだ、こいつはなにかやりそうだと、印象だけで人の生と死の選別を行なったのです。

林教授は主に現地での生き延びた人たちからの聞き取りをもとに、どのようにして選別が行なわれたかを明らかにしていますが、ここでは教授が引用している、選別をやった側の証言を紹介します。東京大学教養学部国際関係論研究室『インタビュー記録D日本の軍政2』に収録されている中山三男憲兵曹長の証言です。多少長くなりますが、当時の日本軍がシンガポール華僑をどう見ていたか、どう対処したか、きわめてリアルに読み取れます。

「ただ人相、服装を見て、ああこれはインテリ、これはどうもというような区別に陥りやすかったように思いますが、それだけで本当に抗日意識の旺盛なインテリかというようなことはわからんと思うんです」

「とにかく服装でこれはインテリだ、インテリ階級はみな抗日意識旺盛なんだというように聞かされていたわけですね。それで、自分ら本当の命令だったかどうか知らんですが、シンガポールの華僑が八五万か九〇万くらい現在おる、蒋介石が現在までに抗戦を続けてきておるのは南方の資金援助のおかげだ、それだから半分くらいは粛清せないかんのだ、というようなデマが頭に入っておる関係で、とにかくインテリのやつを人相と服装だけでパッパッとやっとるからね」

「その当時、半分粛清するんだということを自分らも聞いたですから、半分もやるならちょっとくさい者もというわけで、そんな分け方をしたように思います。……」
こうして「選別」された人たちは、別れも交わさないまま家族から引き離され、虐殺の場所へと運ばれていったのです。

遺骨の上に建つ「血債《けっさい》の塔」

林教授の本では、虐殺の行なわれた場所が一五カ所、示されています。多くは海岸です。「選別」された人々はトラックでそこへ運ばれていき、数百人ずつの単位で殺害されたのです。後ろ手に縛られて波打ち際に並ばされ、機銃掃射された後、遺体は海岸に掘られた穴に埋められました。

穴を掘るように命ぜられ、機銃で撃たれた後、その穴に埋められた場合もありました。小型の船で沖合に運んで海に突き落とし、それに銃弾を浴びせて殺害した場合もありました。ある憲兵の証言では、綱で数珠《じゅず》つなぎにした人々を一艘に百名ずつ乗せ、沖に出たところで水中に飛び込ませ、船上から撃ったといいます。

虐殺は内陸部でも行なわれました。やはり銃殺前に細長い穴が掘られ、遺体はそこに埋められました。戦後、「死の谷」「幽霊の出る丘」と呼ばれた場所からは、砂地で保存状態が良かったこともあって、実に二一七六体の遺骨が収集されたということです。

一九六〇年代に入り、住宅建設などにともなってシンガポール各地で遺骨が発見され、六二年から本格的な遺骨の収集が始まりました。収集は六六年まで断続的につづけられ、四五二個の甕《かめ》に納められました。

一方、シンガポール市外の中心地に、虐殺された人々を追悼する塔の建設がすすめられ、六七年2月に除幕されました。塔には、「日本占領時期死難人民紀念碑一九四二―一九四五」と刻まれています。日本では「血債の塔」と呼んでいます。

血債の塔（日本占領時期死難人民紀念碑）
［林博史『シンガポール華僑粛清』から］

納骨された四五二個の甕は、この塔の台座の下に納められました。したがって「血債の塔」は、文字どおりの墓標、巨大な石塔にほかならないのです。

かつてこの地にやってきた日本軍が、ここで何をやったか、日本人は忘れても、「血債の塔」は語りつづけます。

軍の紙幣(軍票)の大増刷とインフレ

先に、米・英・蘭との開戦の直前、一九四一年11月20日に大本営政府連絡会議で決定された「南方占領地行政実施要領」を紹介しました。その「方針」には、「占領地に対しては……軍政を実施し……作戦軍の自活確保に資す」とありました。

またその「要領」の六番目にはこう書かれていました。

六　通貨はつとめて従来の現地通貨を活用流通せしむるを原則とし、やむを得ざる場合にありては外貨表示軍票を使用す。

「作戦軍の自活確保」というのは、そこに駐留する軍の食糧——米や肉、野菜などは現地で調達する、ということです。

南方に進出するに当たり、四一年10月、総数二〇万人強からなる「南方軍」が設立されました。作戦地域をフィリピン・タイ・マレー半島・ジャワの四つに分けて作戦軍が編制され、それぞれの地域に侵攻していきます。したがって、駐留する将兵の数も、一箇所で数千、数万になるが、そして期間も数カ月でなく数年にわたるだろうが、食糧の補給はいっさい行なわないから、現地でまかなえ、というのです。

現地で調達するといっても、略奪するわけにはいきません。そんなことをすれば現地の人々を手なずけるどころか、いっぺんに敵にまわしてしまいます。

食糧は、したがってお金を出して買うのです。しかし、何万人もの軍隊の、何年にもわたる食糧を買えるほどの現地の通貨を、日本軍が持っているわけはありません。そこで、先ほどの「要領　六」となるのです。

「六　通貨はつとめて従来の現地通貨を活用流通せしむるを原則とし、やむを得ざる場合にありては外貨標示軍票を使用す」

この項目の前半は、日本軍が占領行政をしいた後も、現地の通貨――英国領のマレー半島や北部ボルネオでのドル、蘭印（現インドネシア）でのギルダー、フィリピンでのペソなどはそのまま流通させて、「円」に変えたりはしない、ということです。このことは当然として、問題は後半です。

やむを得ない場合は、「外貨標示の軍票」を使用する、と言っています。外貨標示とはドルやギルダー、ペソなどでの標示のこと、軍票とは軍が発行する紙幣のことです。つまり、マレーなどではドル標示の軍票、ジャワ島などではギルダー標示の軍票を発行して使用するということです。

やむを得ない場合は、と「要領」では言っていました。しかし実際は、占領したその日から、日本軍は軍票の使用を宣言、軍票を使い始めます。そのさい、軍票と現地通貨は等価、つまり10ドル軍票は10ドル紙幣と同じ価値をもつ、としたのでした。

植民地での農業の特徴はプランテーションです。植民地を所有する宗主国によって、経済性の高い商品作物の大規模栽培が強制されるからです。英国領マレー半島の場合はゴムの木、オランダ領のジャワ島では茶やコーヒー、サトウキビなどが集中的に栽培されていました。そのため米をつくる農地は少なく、この地域では米はもっぱらタイから輸入されていました。

しかし日本軍に占領され、この経済構造はすっかり壊されました。ゴムはやはり最重要の軍需物資でしたが、嗜好品の茶やコーヒーは戦時には不要として農園はつぶされ、かわりに米をはじめ穀物の増産が推進されました。

このように食糧増産がとりくまれたものの、いきなり何千人、何万人もの軍隊がやってきて、日々食糧を消費してゆくのです。いくらもたたぬうちに食糧事情は逼迫《ひっぱく》し、やがて深刻化していきました。

一方、軍としては、食糧を購入するためのお金（軍票）が必要です。軍は食糧を買うだけで売るものはないのですから、収入として軍票が入ってくることはありません。では、どうしたか。増刷したのです。新聞社の印刷機を借りたり、印刷所に命じたりして、必要に応じて軍票を印刷したといいます。

開戦からまもない一九四二年3月、南方開発金庫が設立され、翌四三年4月から軍票にかえて「南方開発金庫券」を発行し始めましたが、実体は軍票と変わりはありませんでした。

日本軍の発行する軍票はみるみる増えていきます。小林英夫著『日本軍政下のアジア――「大東亜共栄圏」と軍票』（岩波新書、一九九三年）によると、南方開発金庫券の発行高（円換算）は次の通りです（四二年は軍票）。

一九四二年末　　四億六三二六万円（　一〇〇）
　四三年末　　一九億五四八一万円（　四二二）
　四四年末　一〇六億二二九六万円（二二九三）
　四五年8月　一九四億六八二二万円（四二〇二）

占領の最初の年を基準にとると、翌年には四倍強、その翌年には一挙に二三倍、最後の年は八カ月で四二倍です。

占領地の日本軍の数にそう変わりはありません。したがって、購入する食糧の量も増えることはないはずです。ということは、食糧購入のお金（軍票）も前年どおり、あるいはプラスアルファで済んだはずだということです。なのに、どうして軍票の発行高がこんなに爆発的に増えたのでしょうか。

そう、物価が上がったのです。物不足となり、需要と供給のバランスが崩れれば、物の値段は上がります。インフレです。

「バナナノート」と呼ばれた日本軍の10ドル軍票（写真：林博史『シンガポール華僑粛清』より）

このとき、お金がなければ、民衆は人の物を盗むか、餓死するかしかなくなります。しかし日本軍は通貨（軍票）の発行権と印刷機を持っていました。軍票が足りなくなると、どんどん増刷したのです。

日本がマレーやシンガポールで発行した10ドル軍票は「バナナノート」と呼ばれました。表にバナナの絵が描いてあったからです（上の写真）。ノートは紙幣、訳せば「バナナ札《さつ》」ということになります。何となく、声にならない嘲笑が感じられます。フィリピンでは、軍票は「ミッキーマウス・マネー」と呼ばれたそうです。すさまじいインフレで紙幣の価値がただの紙切れになっていく、そのいら立ちから、「おもちゃのお金」と言ったのです。

「抗日戦」に向かったフィリピンとビルマの独立運動

最後の三つ目の検証軸です。

③東南アジア諸民族はどのようにして独立を達成したのか。

田母神氏は東南アジア諸民族の解放は「大東亜戦争を戦った日本の力によるもの」だと書いていました。本当でしょうか。

フィリピンは前にも記したように、戦争中、したがって日本軍占領下の一九四三年10月、独立を達成しました。どうして、日本軍は独立を認めたのか。植民地フィリピンの宗主国だった米国が、同国の自治領として一〇年間の「自治」を経験したあと、四六年7月には独立を認める、と約束していたからです。

実は、フィリピンは一八九八年に一度、独立を達成しています。

一六世紀後半から三百年つづいたスペインの植民地支配に対し、一九世紀末、独立運動が燃え上がります。一八九八年4月、キューバに端を発してスペインと米国が開戦（米西戦争）、5月、マニラ湾でスペイン艦隊が米国艦隊に撃破されると、その間隙をついて、前年に成立していたフィリピン革命政府は、6月12日、独立を宣言、翌九九年1月、フィリピン共和国が樹立されるのです（第一次共和国）。

ところが、スペインと講和条約を締結したさい二千万ドルでフィリピンを買い取った米国が、新たな支配者としてやってきます。共和国政府は、当然拒否します。そこで九九年2月、フィリピン・アメリカ戦争となりますが、武器としては山刀しかないフィリピン軍は米軍の銃火に対抗できず、一九〇一年7月、フィリピンは後の大統領タフトを総督とする米国の植民地統治下に入るのです。

しかし、その後もフィリピン人による独立運動はつづき、その結果、前述のように米国は一九四六年の独立を約束せざるを得なくなったのでした。

このような歴史をもつフィリピン人ですから、日本軍の侵攻に対しては当然、激しく抵抗します。広く知られているゲリラ組織は、抗日人民軍「フクバラハップ」（最後の「ハップ」はハポンHapon、日本のこと。略称、フク団）。社会党と共産党の組織の上につくられた武装組織で、労働組合の幹部が将校となり、労働者や農民が兵士となりました。秘密基地で軍事訓練と並んで政治教育も行なわれ、そのテキストにはエドガー・スノーの中国紅軍ルポ『中国の赤い星』も使われたとのことです（鈴木静夫『物語フィリピンの歴史』中公新書、一九九七年）。

このほかにも、いくつも抗日ゲリラ組織がつくられ、四三年に日本承認のカイライ政府（第二次共和国）が設立された後も、日本軍と戦いつづけました。四五年1月、米軍がルソン島に再上陸してくるまで、ルソン島での日本軍の敵はこのフィリピン抗日ゲリラだったのです。

ところが米軍は、フク団が共産党の指導下にあることからこれを敵視します。そのため四五年8月の日本の降伏後も米軍を後ろだてにした保守勢力との間で抗争がつづきますが、それでも四六年4月の大統領選をへて同年7月、フィリピンは三度目、ついに真の独立を達成したのでした（第三次共和国）。

フィリピンはこのように半世紀をこえる独立運動の歴史を持っています。そのために、ぼう大な血を流しました。そんな歴史をもつフィリピンの人々に向かって、「大東亜戦争がフィリピンの独立をたすけた」などと、だれが言えるでしょうか。

フィリピンと同じように、戦争中、四三年8月に自治機関「中央行政府」の設立を日本に認められたのが、ビルマでした。

なぜ認められたのか。日本軍によるビルマへの侵攻が反英民族運動を利用する形で行なわれたからです。

ビルマ侵攻に先立ち、日本軍は民族独立をめざすタキン党の青年三〇人に対し海南島の秘密基地で軍事訓練をほどこし、彼らを中軸にビルマ独立義勇軍（そのリーダーがアウンサン）を結成、その義勇軍とともにビルマに侵攻、英軍を駆逐して全土を制圧したのです（以下、桐山昇他『東南アジアの歴史』有斐閣、二〇〇三年、参照）。

このようにビルマの場合、日本軍ははじめからビルマ民族主義者たちの協力を得て、軍政をしきました。その協力をさらに確かなものにするため、「独立」を認めたのです。

しかし、前に述べたような物不足とインフレによる経済の悪化、加えて英軍による空襲、さらに強制労働への動員などで人々の暮らしは困窮していきました。四四年3月、日本軍はビルマからインドへの侵攻をめざし九万の兵力を投入したインパール作戦を敢行しますが、補給を無視した無謀な作戦計画だったため歴史的な惨敗を喫します。

これを機に日本軍は劣勢にまわり、英軍が優勢に立つなか、8月、抗日の組織・パサパラ（反ファシスト人民自由連盟）が結成されます。タキン党の流れを引くビルマ国軍・ビルマ共産党・ビルマ人民革命党からなる組織で、アウンサンが議長でした。

翌四五年3月、パサパラは日本軍との戦いに蜂起します。以後、抗日の戦いは日本敗戦の8月までつづきました。フィリピンと同様、ビルマでも日本軍は民衆の抗日ゲリラと戦わなくてはならなかったのです。

ビルマに戻ってきた英国は、植民地支配を復活させます。総督はパサパラを政治団体として認めるどころか、アウンサンを対日協力者として逮捕しようとします。それに対し、ビルマ奪還の過程でのアウンサンの功績を知るマウントバッテン英軍司令官がきびしく抗議、総督は英本国のアトリー内閣によって更迭され、新たな総督のもとで、独立容認の動きが準備されていくことになります。

四七年1月、アウンサンを代表とする六人のビルマ側交渉団がロンドンへ行き、英国政府と九回にわたる交渉を重ねたすえ、ビルマの独立を認めるアウンサン＝アトリー協定が成立します。それは、同年4月、制憲議会選挙を実施し、憲法を定めた後、独立を達成するという道筋を決めたものでした。

帰国後、アウンサンはビルマ国内の主要な少数民族の代表と話し合い、連邦制国家の樹立について基本的合意を得ます。4月の制憲議会選挙ではパサパラが圧勝、つづいてアウンサンは憲法の基本理念を提示し、それにもとづいて憲法が制定されます。

　こうした独立への歩みのさなか、7月、アウンサンは突然、反パサパラの政治勢力によって暗殺されます。しかしその後、副議長のウーヌが後継者となり、四八年1月4日、主権国家・ビルマ連邦が成立したのです。

　このように、ビルマ民族主義者たちは、当初は反英の立場で日本軍に協力しますが、日本軍の実態を知ったことから逆に抗日に変わり、最後は英国とのねばりづよい交渉によって独立をたたかい取ったのです。「大東亜戦争が……」などと言い出したら、ビルマの人々はきっと奇異の目で見返すことでしょう。

現マレーシアと現インドネシアの独立戦争

　次は、ビルマの南、英国領だった現マレーシアと、オランダ領だった現インドネシアです。

　しかしこの両国については、すでに田母神氏の主張に対する答えは出ていました。戦争中の一九四三年5月に御前会議で決定された「大東亜政略指導大綱」です（二二四ページ）。そこでは、こう宣言されていました。

　マレー・スマトラ・ジャワ・ボルネオ・セレベスは、大日本帝国の領土と決定し、重要資源の供給源として、極力その開発と民心の把握につとめる。

石油をはじめゴム、錫《すず》、鉄鉱石などの重要資源を産出する現マレーシアとインドネシアの地域は「大日本帝国の領土」とする、と決めていたのです。この事実を前にして、両国の独立は「大東亜戦争を戦った日本の力による」などとは、いくら厚かましくても言えないでしょう。

しかしそれでも、結果としてそうなったんじゃないか、という人のために、両国の独立の経過について、簡単にふれておくことにします。

マレー半島にも、シンガポールと同様、数多くの華僑が住んでいました。もともとはゴム園の労働者としてやってきた人が多くを占めます。一九一七年のロシア社会主義革命の余波を受け、日本共産党が非合法で結成されるのは一九二二年ですが、ここマレー半島で華僑を中心に南洋共産党が結成されるのは一九二五年、三〇年にはそれがマラヤ共産党となります。

日本軍がマレー半島に軍政をしくと、このマラヤ共産党の指導下にマラヤ抗日人民軍が組織され、日本軍の輸送網や警察署の襲撃など、ゲリラ戦をつづけます。この人民軍を、英国の特殊部隊がひそかに支援するという構図も生まれました。

しかし日本軍が降伏すると、四五年9月、英国がふたたび植民地支配者として戻ってきます。翌四六年、英国はこの地域を英領「マラヤ連合」とし、首都をクアラルンプールに定めますが、マレー人と華人との間に民族的対立が生じたため、翌四八年、シンガポールや北ボルネオも含めた英領「マラヤ連邦」を発足させます。

しかし今度は、華僑側からの反発が火を噴き、以後、マラヤ紛争と呼ばれる、連邦政府とマラヤ人民軍との抗争が長くつづくことになります。

五七年、ようやく独立、英連邦の一員となり、六三年、マレーシアとして完全独立しますが、六五年にはシンガポールが分離独立しました。今日に見るような主権国家マレーシアは、太平洋戦争の終結後すぐに生まれたわけではなく、長く複雑な過程をへて成立したのです。

インドネシアの場合、一九四二年3月、ジャワ島に上陸した日本軍は、オランダ植民地軍を降伏させると、流刑地にあったスカルノ、ハッタらの独立運動家を解放しました。現地住民の「民心の把握」（大東亜政略指導大綱）が必要だったからです。

日本軍政は民族指導者の協力を求め、オランダ支配下で排除されていたイスラムの宗教指導者たちの活動も認め、また学校制度の整備をはかり、その学校ではオランダ語の使用を禁止してインドネシア語を教授用の言葉としました。

しかしその基本方向は日本への「同化政策」であり、民族旗の掲揚や民族歌インドネシア・ラヤの歌唱を禁じる一方、日の丸を国旗とし、君が代を国歌として歌わせました。あわせて軍事施設や軍需工場へ大量動員を行ない、そのためロームシャ（労務者）という用語がインドネシア語として残ることになりました。

日本降伏二日後の四五年8月17日、スカルノらは首都ジャカルタでインドネシア共和国の独立を宣言、スカルノが大統領に選出されました。

しかしオランダはそれを認めず、戻ってきたオランダ軍は共和国のメンバーに対し、殺害・誘拐・放火など暴行を加えます。そのため共和国政府は翌四六年1月、首都をジャワ島西部から中央のジョクジャカルタに移しますが、オランダはさらに軍を増強、攻勢を強めます。

翌四七年1月、オランダ軍はついに空爆を開始、7月にはジョクジャカルタほか主要都市を占領します。これに対し共和国独立派はゲリラ戦で応じますが、劣勢はまぬかれません。

これを見て、二年前に結成された国連が介入、8月、安全保障理事会は和平解決を決議します。しかしオランダはなおも攻勢をつづけ、共和国の手がとどいていないインドネシアの各地にカイライとなる国や自治領をつくりだします。この間、国連はベルギー・オーストラリア・米国の三国からなる仲裁委員会をもうけ、そこで和平案を協議します。

翌四八年1月、仲裁委員会の案にもとづき停戦協定が成立します。その内容は、インドネシア共和国の領域はスマトラ島とジャワ島の約半分（西端部と中央部）に限定され、そのほかはオランダの息のかかったカイライ国と自治領の領域となる、というものでした。

共和国政府はこれを呑んだものの、共産党を中心とする左派勢力はこの協定に反対し、共和国政府との間に抗争がつづきます。この内紛に乗じて、この年12月、オランダは再び空爆を含む全面攻勢をかけ、首都ジョクジャカルタを攻略、スカルノ大統領、ハッタ首相ほか共和国政府閣僚を拘束したのです。

この暴挙に対し、国際的な非難が巻き起こります。安保理はただちにスカルノらの釈放を求める決議を採択しました。米国は経済復興援助の停止を通告します。こうした国際世論の圧力により、この地域の再植民地化にこだわりぬいたオランダもついに断念、四九年7月、オランダの首都ハーグで円卓会議を開き、同年11月、インドネシア連邦共和国の独立を承認します。

この連邦共和国は、元首をオランダ女王にするなどなおオランダの影響力を残しての独立でしたが、その後カイライ国や自治領のオランダばなれが急速にすすみ、翌五〇年8月15日、ついに単一のインドネシア共和国の成立が宣言されたのでした。

このように、インドネシアもまた、日本がしりぞいた後、宗主国オランダとのゲリラ戦を含む満五年のたたかいをへて独立を達成したのです。

三〇年をかけたベトナムの独立と統一

仏印（フランス領インドシナ）は、現在のベトナム、カンボジア、ラオスを含む地域をさします。一九四〇年9月、日本軍は「援蒋ルート」を断つため北部仏印に進駐、翌年7月、南方進出の足場を確保するため南部仏印に進駐して、これが対米英開戦の最後の決定的要因となったことは前に述べました（二〇五ページ）。

戦争中、この地域に対し日本は「日仏共同統治」という支配形態をとりました。そうすることで、フランスの仏印植民地政庁を協力させたのです。

四五年8月15日、日本が降伏すると、それまで中国国境の山岳地帯を中心に反仏・反日闘争をつづけていたホー・チ・ミンの指導するベトナム独立同盟（ベトミン）がいっせいに蜂起し、9月2日、ベトナム民主共和国臨時政府を設立、独立宣言を発表しました。

しかし、オランダと同様、フランスもまた植民地の確保に執念を燃やしていました。短期決戦で圧倒できると踏んでいたフランスの思惑はくつがえり、民主共和国との戦争は長期化します。第一次インドシナ戦争と呼ばれる戦争です。

ここでインドネシアの場合と決定的に違ったのは、米国の対応でした。インドネシアでは独立派の側についてオランダを牽制した米国が、こんどは「共産主義封じ込め」の戦略から、フランスに対する財政・軍事援助をつぎ込んだのです。四九年10月、このベトナムと地続きで隣接する中国に成立した中華人民共和国の影響力を断ち切るためでした。

戦争は長引き、戦線が膠着した中、五四年、フランス軍は戦局を打開しようとして、ベトナムとラオス国境の盆地ディエンビエンフーに陣地を構築します。それに対し民主共和国軍は中国から提供された大型の大砲を盆地を見下ろす山の上に運び上げるという思いもよらぬ戦術をとり、山上から巨砲を撃ち込んでフランス軍を降伏させました。五四年5月のことです。

この事態を受けて、ジュネーブで国際会議が開かれ、同年7月、休戦協定が調印されます。そのポイントは、ベトナムを北緯一七度線で南北に分け、北は民主共和国側が、南はフランスが設立していたベトナム国が支配する、ということと、二年後の五六年7月に全土で総選挙を実施し、国の将来を決定する、ということでした。

この協定が実施されれば、ベトナムの独立戦争はここで終結していたはずです。しかし、そうはなりませんでした。総選挙が行なわれれば、共産主義国である民主共和国がきっと勝利すると読んだ米国が、総選挙の実施については留保したからです。

冷戦体制のさなか、米国は「ドミノ理論」を世界戦略の基本としていました。ソ連と並ぶ広大な中国に共産主義政権が成立し、その東側には朝鮮民主主義人民共和国（北朝鮮）が成立した。西側のベトナムが共産化するのを許せば、それはラオス、カンボジアからタイへと、将棋倒しのように広がり、やがて東南アジア全体が共産主義に呑《の》み尽くされてしまうだろう、というのです。したがって、この「ドミノ倒し」を防ぐには、何としてもベトナム民主共和国の勝利を認めるわけにはいかないと考えたのでした。

こうして米国は、一九六〇年代に入ったケネディ大統領の時代からベトナムへの介入を準備し、次のジョンソン大統領の時代になって本格的に介入してゆくのです。

六四年、米国は北ベトナムのトンキン湾で米海軍の駆逐艦が攻撃を受けたという「事件」を捏《ねつ》造し、それにより議会の同意を取り付けて北ベトナムへの空爆（北爆）を開始します。

以後、米国は枯葉剤の散布をはじめあらゆる兵器を使って北ベトナム軍および六〇年末に結成された南ベトナム解放民族戦線への攻撃をつづけ、最大時（六八年）五四万人の兵力を投入しますが、ゲリラ戦を主体とする北側を屈服させることができません。

長くつづく出口の見えない戦争に、米国は疲弊し、世界を支配していた経済力も衰えていきます。ついに七一年8月、ニクソン大統領はドルと金の交換を停止するドル防衛策を発表します（ニクソン・ショック）。またその前月には、キッシンジャー米大統領補佐官の秘密工作により、北ベトナムの最大の軍事援助国である中国へのニクソン大統領の訪問が発表されていました。

これが、ベトナム戦争の終わりの始まりでした。七三年1月、パリでベトナム和平協定が調印され、同年12月にはニクソン大統領がベトナム戦争終結を宣言します。この後も南北ベトナムの抗争は続きましたが、米軍が撤退した後のなりゆきはすでに明らかでした。

七五年4月30日、北ベトナム軍の戦車がサイゴンになだれを打って入城してきました。

ここに、ベトナム全土の統一が達成されます。第二次世界大戦の終結・日本の敗戦から、実に三〇年をかけてのベトナムの独立と統一でした。

それでも東南アジア諸国の独立は「大東亜戦争のおかげ」と言えるのか

以上、東南アジア諸国の独立は「大東亜戦争を戦った日本の力によるもの」という田母神氏の主張について、三つの検証軸を立てて見てきました。

第一の検証軸は、日本はどのような意図（方針）をもって東南アジアへ進出していったのか、でした。

これについては、日本軍の東南アジアへの進出は、中国との戦争に行きづまった日本が、戦略資源を得て戦力を強化し、あわよくば植民地を一挙拡大するのが目的だったとして、天皇臨席の会議で決められた「大東亜政略指導大綱」を紹介しました。そこには、現マレーシアとインドネシアについては「大日本帝国の領土とし、重要資源の供給源として、その開発と民心の把握につとめる」とありました。

次に、日本軍はその進出していった土地で現地の人々とどのように接し、どのように行動したか、について検討しました。

これについては、占領直後のシンガポールでの華僑虐殺と、軍票の発行について述べました。「現地自活」を原則とする日本軍は、日々の食糧調達のため偽造紙幣ともいうべき軍票を乱発し、経済構造の破壊による物不足とあわせ極度のインフレを引き起こし、人々の生活を窮乏のどん底に突き落としました。「解放軍」とは到底いえぬ、やらずぶったくりの占領行政でした。

最後の検証軸は、東南アジア諸民族はどのようにして独立を達成したのか、でした。

日本軍が、植民地支配国の軍と戦ってこれを駆逐したのはその通りです。ところが、その日本軍に対しても、フィリピンはじめ各地で抗日のゲリラ戦が展開されたのでした。

外からやってきた支配者に対する抵抗は、この抗日から始まったわけではありません。フィリピンでは前世紀の末から独立のたたかいがあり、同じ独立をめざすたたかいは、ビルマにも、マレーシアにも、インドネシアにも、もちろんベトナムにもありました。

だからこそ、日本軍政の理不尽に対して抗日戦を組織し、日本敗戦後に戻ってきた植民地支配国に対してもただちに独立戦争の戦列を組んだのです。

独立の戦いはきびしく、国によっては長期にわたりました。ベトナムにいたっては三〇年です。しかも戦った相手は、はじめはフランス、次いで超大国・米国でした。日本は米国と三年半ほど戦って敗れましたが、北ベトナムは一〇年も戦ってついにこの超大国をしりぞけました。

どの国の独立も、与えられた独立ではなく、勝ち取った独立なのです。

そうした自負をもつ国の人々に対して、あなた方の国の独立は、「大東亜戦争を戦った日本の力によるもの」だと言えるものでしょうか。

いや、それでも、結果として――と、なお言い張る人がいたとしたら、これはもう知的認識の問題ではありません。

「廉恥《れんち》」の問題です。

「廉恥」とは何か。辞書には、恥を知る心、とあります。

Ⅵ 近代日本の戦争と「司馬史観」

鎖《くさり》状にリンクしてつながる近代日本の戦争

以上、「田母神論文」の〈主張〉について検証してきました。「田母神論文」は四百字詰め原稿用紙で二〇枚程度ですが、検証の方はその二〇倍を超えました。ドグマを吐くのは簡単だけど、事実にもとづいて、原因・結果の関係を明らかにしながらの説明はそう簡単ではないということです。

きちんと説明できたかどうかは読者の評価にゆだねるしかありませんが、書きすすむ過程で、私なりに多くの〝発見〟がありました。

最大の〝発見〟は、近代日本の行なった戦争が、明治の初めから昭和の戦争まで、鎖《くさり》状にリンクしてつながっていることがわかったことです。つまり、一つの戦争が次の戦争につながり、その戦争がまた次の戦争につながっていくことが確認できたということです。

第Ⅱ章で、近代日本が行なった一〇の対外戦争での出兵・進駐について検討しました。振り返って、その戦争と次の戦争との関係を見てみましょう。まず明治七年の台湾出兵から。

■台湾出兵（一八七四年）――目的は、琉球王国と中国との歴史的関係（進貢《しんこう》―冊封《さくほう》関係）を断ち切って、沖縄を日本の版図《はんと》に組み込むと同時に、あわよくば台湾の一部を自国の植民地とすることでした。

■**江華島事件**（一八七五年）――前年の台湾出兵と同様、隣国への武力進出の意図による試験的出兵。あわせて優勢な軍事力を誇示することにより、翌年、自国の経済進出に有利な不平等条約を締結。

■**日清戦争**（一八九四―五年）――台湾出兵、江華島事件の経験をベースに、壬午《じんご》軍乱、甲申《こうしん》事変をへて、ついに「大国」清国に戦争を挑む。目的は、朝鮮と中国との歴史的関係（朝貢―冊封関係）を断ち切り、中国を駆逐しての朝鮮に対する支配権の独占。あわせて、台湾出兵でできなかった台湾の植民地化を果たす。

■**義和団戦争**（一九〇〇年）――日清戦争後の下関条約での莫大な賠償金支払いのための欧米列強からの借款《しゃっかん》がきっかけとなって、中国の半植民地化が一挙にすすむ。それに対する中国民衆の反帝国主義運動の制圧のため出兵した八カ国のうち日本は最大の兵力を派兵、アジアの帝国主義国として列強に認知される。

■**日露戦争**（一九〇四―五年）――ロシアが義和団戦争を機に満州に進出、さらに朝鮮へも触手を伸ばし始めたのに対し、義和団戦争での実績に立って結んだ日英同盟をバックに、強国ロシアと戦った。その勝利により、朝鮮に対する独占的支配を完成、あわせて樺太《からふと》（サハリン）南半部を新領土として、また遼東半島（関東州）と南満州鉄道を確保して満州に進出する。以後、領土（植民地）の拡大が最大の国家目標となる。

■**第一次世界大戦**（一九一四―一八年）――〝同盟国〟英国からの協力要請を奇貨としてドイツに宣戦、中国・山東半島のドイツの権益をそっくり奪い、さらにドイツ領だったミクロネシア（南洋群島）を実質植民地とする。

■**シベリア出兵**（一九一八―二二年）――ロシア革命により成立したソビエト政権に武力干渉、その倒壊をねらって、英、仏、米の資本主義列強とともに出兵、あわせて北満州からシベリア、沿海州の獲得を画策する。

■**満州事変**（一九三一年）――これまで日露戦争で得た関東州と満鉄沿線に限定されていた関東軍の駐留権をいっきょに拡大、満州全土を軍事制圧するため、謀略事件を引き起こして中国軍を攻撃、駆逐する。

■**日中全面戦争**（一九三七―四五年）――満州の植民地化につづいて中国全土を支配下におさめるため、盧溝橋事件をきっかけに全面戦争へと突入していった。夜間演習していた日本軍への中国軍陣地からの発砲事件については偶発性が高いと思われるが、その前年、日本軍は義和団戦争で得ていた公使館警護のための駐兵権の解釈を一方的に拡大、駐留する兵力をいつでも戦闘態勢に入れる旅団規模へと増強していた。

■**太平洋戦争**（一九四一―四五年）――その中国との全面戦争が行きづまり、泥沼化したため、ヨーロッパ戦線でのドイツの電撃的勝利に便乗して米国を「敵」と名指しする日・独・伊三国同盟を締結、戦略資源である石油、ゴム、鉄鉱石などの確保をめざして東南アジアに侵攻、中国に加え、米、英との戦争に突入した――。

司馬遼太郎の昭和前期「魔法の森」論

以上見たように、台湾出兵と江華島事件は、巨視的に見れば日清戦争の前哨戦ともいうべき戦争であり、その日清戦争後の下関条約による苛酷すぎる賠償が、中国の半植民地化を招き、その惨状が義和団の蜂起を呼び起こしたのでした。

その義和団戦争中のロシアの満州進出が日本の危機感をさらに強め、日露戦争となります。その日露戦争の勝利による遼東半島と満鉄の獲得が、第一次世界大戦とシベリア出兵をへて、満州事変を引き起こす跳躍台となりました。

そしてその満州事変の「成功」が、盧溝橋事件をきっかけに無謀な日中全面戦争への突入につながり、しかしそれが泥沼化して膠着《こうちゃく》状態に陥ったことから、さらに無謀な米、英との戦争へとつながっていったのです。

台湾出兵から太平洋戦争までは、計算すると六八年です。この間、江華島事件から日清戦争までの一八年間を除くと、日本は一〇年に満たない間隔で何らかの戦争をやっています。そしてその戦争は、いま振り返ってみたように、鎖《くさり》状につながっていました。

ところがこの〝戦争の鎖〟をひとつながりのものとは見ないで、前半の明治期と、後半――特に昭和期の戦争とをきびしく分離してとらえる見方があります。よく知られているように、作家の司馬遼太郎によって普及された見方です。一般には「司馬史観」と呼ばれます。「田母神史観」は私の造語ですが、司馬遼太郎はまさに国民作家の呼び名にふさわしい影響力をそなえた作家でしたから、「司馬史観」という命名も定着していると言ってよいでしょう。

そこで以下、これまで本書で述べてきた〝戦争の鎖〟の歴史的事実にもとづいて「司馬史観」を検討することにします。

司馬遼太郎の著作に『「昭和」という国家』（日本放送出版協会刊）という本があります。オビに「司馬遼太郎の［最後の本］」とあります。司馬が亡くなったのは一九九六（平成8）年2月（享年七二歳）ですが、この本が出版されたのは一九九八年3月で、死後二年たってからのことですから、たしかに「最後の本」だったのでしょう。

出版は九八年ですが、内容はそれより一〇年以上前の八六（昭和61）年から翌八七年にかけ、作家が六〇代前半の円熟期に、一二回にわたってＮＨＫ教育テレビで放送された談話を活字に起こしたものです。それだけに、司馬の歴史観が、飾らずに、よりストレート、より平明に語られているといえるかも知れません。

さて、その冒頭、第一章が「魔法の森」論です。

一九四五（昭和20）年8月、戦車隊の一員として満二二歳で日本敗戦を迎えたときの感慨から、この本は始まります。


　敗戦はショックでした。

　このショックはちょっと説明しなければなりませんが、なんとくだらない戦争をしてきたのかと、まず思いました。そして、何とくだらないことをいろいろしてきた国に生まれたのだろうと思いました。敗戦の日から数日、考え込んでしまったのです。昔の日本人は、もう少しましだったのではないかということが、後に私の日本史への関心になったわけですね。

（一～二ページ）

「くだらない戦争」というのは、「戦争にならなかった戦争」と言い換えてもいいかも知れません。
　開戦の翌四二年後半以降の太平洋戦線では一方的な負け戦《いくさ》がつづき、最後の四五年に入ってからは、米軍の空襲によって日本の主要都市はあらかた廃墟と化してしまいました。全国民が飢え、学校のグラウンドの一角は食糧補給のためのイモ畑となりました。夜には空襲警報のサイレン

が鳴り響き、そのたびに人々は飛び起きて庭先に掘った防空壕へ、あるいは共同の横穴防空壕へ駆け込まなくてはなりませんでした。

こうした戦争を直接体験した人たちは、いまや全員が老年期に入りました。それだけに、できるだけ多くの体験を語り、また書き残しておく必要があります。敗戦に直面したときのこの司馬遼太郎の証言もきわめて重要です。

この証言に対応して、本の終わり近く、第十二章で、司馬は口を歪めて吐き捨てるように、こう語っています。

それから末期の状態になると、特攻隊でした。青年たちに下士官の軍服を着せて飛行機に乗せ、未熟な操縦技術ながら敵に体当たりさせた。

戦争という物理現象のなかの穴埋めを肉体でさせた。そういう非常手段をさせた。戦争はよくないということは大前提です。そして特攻に行った青年たちはいい男たちだったと思います。しかしそれを戦術として考えたことは断じておかしい。

戦争をやるんだと、昭和の一ケタから勢い込んできた人たちがいました。ところが彼らにやらせてみれば何のこともなかった。戦争という形さえとれなかった。

繰り返して言いますが、戦争反対という言葉は戦後の合言葉です。私もその立場にあります。しかしあれが戦争だったかという、つまり日露戦争は戦争だといえるのですが、太平洋

戦争が戦争だったかと。つまり大変に変なものだったのです。（一八一～二ページ）

この「大変に変なもの」、それが昭和の戦争だったと司馬遼太郎は言うのです。では、司馬が口を極めてののしる戦争、奇怪でくだらない戦争、〝戦争以下の戦争〟はどのようにして生み出されたのか。ここで、「魔法の森」が出てきます。

日本という国の森に、大正末年、昭和元年ぐらいから敗戦まで、魔法使いが杖をポンとたたいたのではないでしょうか。その森全体を魔法の森にしてしまった。発想された政策、戦略、あるいは国内の締めつけ、これらは全部変な、いびつなものでした。この魔法はどこから来たのでしょうか。魔法の森からノモンハンが現れ、中国侵略も現れ、太平洋戦争も現れた。世界中の国々を相手に戦争をするということになりました。（五ページ）

昭和に入るころ、日本は魔法をかけられ、それまでとはまったく別の国に変わってしまった。正常な判断力を失った、まともな政治が行なわれない国になってしまった、というわけです。したがって戦争も、筋の通らない醜悪な戦争になってしまった、と言っているのです。

日露戦争の「勝利」後から日本は変わり始めたという説

では、魔法の森に変わる前の日本はどんな国だったのでしょうか。

これまでの吐き捨てるような言い方とは対照的に、明るく歌うように語られている箇所があります。

> 日本の明治維新は、素晴らしいものでした。私は明治維新のファンであります。（一二五ページ）

> 私は明治日本のファンです。明治の日本があのまま何とか成長してくれればよかったと思うのですが、大正の末年から昭和にかけて異常な権力が成立した。日本をめったやたらの方向に持ち込んでいってつぶしてしまった。（一三五ページ）

最初の引用の中で「昔の日本人は、もう少しましだったのではないか」とあるのは、明治期の日本人をさしていたのでしょう。

明治の日本は素晴らしかった。したがって、明治の戦争も悪くはなかった。それなりの理由と大義名分のある戦争だった、ということになります。日露戦争について、司馬は本書でもこう語っています。

私は日露戦争について、私なりに正確を期して調べたのですが、どう考えても、この戦争は祖国防衛戦争だったという感じを持つようになりました。明治政府の軍備の思想は、それなりに機能したと思っています。（九九ページ）

そして日本は、この「祖国防衛戦争」に勝利しました。日本は戦費を使い果たし、もはやぎりぎりの状態でしたが、ロシアもペテルブルグで二〇万人の請願デモに軍隊が発砲した「血の日曜日」事件が起こるなどの国内事情があったため、セオドア・ルーズベルト米大統領の調停があって講和条約に調印します。その結果、償金こそ取れなかったものの、南サハリン、遼東半島、南満州鉄道などを獲得したのでした。

しかしながら不幸なことに、勝ってからの日本そのものが帝国主義的な国に変わっていきました。戦争というものは負けても悲惨ですが、勝ってもその国を時に変質させることになるという、最も悪いほうの例に日本はなってしまいました。（九九ページ）

強国ロシアに勝ったという驕《おご》りが、日本軍が「本来もっていたはずの合理精神を失わせてしまい」、欧米諸国はその後、第一次大戦をへて装備やタクティックス（戦術）を開発していったのに、日本軍は日露戦勝利の慢心のゆえに停滞をつづけた、というのが司馬説です。

さらに悪いことに、軍においても「試験制度の官僚」が前面に出てきます。軍もまた巨大な官僚組織です。学歴と成績で進級が決定され、とくに陸軍大学校を出た成績優秀者が参謀本部に集まりました。

この参謀本部が、「統帥権《とうすい》」なるものを行使するようになります。統帥権とは、明治憲法の「天皇の統帥権」（第一一条　天皇は陸海軍を統帥す）から発するもので、一般の大臣はもとより陸軍大臣さえも口出しすることはできない、参謀本部だけが行使できる、というものです。

こうして参謀本部が「国家の中の国家」となり、日本を自滅の道へ追い込んでいった、というのが司馬説なのです。

つまり、「魔法の杖」は統帥権であり、それを振り回した「魔法使い」が参謀本部だったというわけです。

司馬説で見落とされた台湾出兵・江華島事件・日清戦争

以上の司馬説を整理すると、魔法をかけられる前の明治期の戦争は、いわば〝健全な戦争〟だったが、日露戦争の勝利の後から魔法がかかり始め、完全にかかってしまったのが昭和の戦争だった、ということになります。

じっさい、この本でも司馬はこう述べています。

だいたい日本の陸軍は侵略用の軍隊ではありませんでした。明治維新成立早々に大村益次郎（一八二四～六九）がつくった、そして徴兵令によってつくった日本陸軍は、あくまで国内向けの、つまり明治政府を守るというだけの軍隊です。（三七ページ）

明治初年の軍備というものはですね、決して対外侵略のためのものではなく、明治維新政府を守るためのものでした。（九九ページ）

本当でしょうか？　では、一八七四（明治7）年、台湾に出兵したのは、どこの国の軍隊だったのでしょうか？

また、その翌年（明治8年）、朝鮮領海内に入って朝鮮の守備隊を挑発、戦争をしかけ、上陸して城砦《じょうさい》を焼き払ったのはどこの国の軍艦、軍隊だったでしょうか？

また司馬は、この本では日露戦争については何度も触れていますが、日清戦争に触れているのは一度だけです。先の三七ページの引用に続いてこう述べています。

（明治政府を守るという）それ以外の思想は、陸軍の中に入っていませんでした。それでも海外へ出兵するというような、大それたことは――日清戦争において試みられてはいますが――抑制されていました。ところが日露戦争後、それが野放しになってしまった。

海外出兵は「日清戦争において試みられ」と語っています。

しかし――東学農民の蜂起に危機感をつのらせた朝鮮政府が清国に援軍を頼んだのを知って、チャンス到来とばかり、日本も朝鮮に出兵して、清国と何とか開戦に持ち込もうとあれこれ策略をめぐらすけれども、うまくいかず、ついに朝鮮王宮を占領、国王を「とりこ」にして清国軍駆逐を「依頼」させ、やっと開戦の口実を得て清国軍を海でも陸でも攻撃、鴨緑江《おうりょくこう》をこえて中国国内（満州）に踏み込んでいき、講和条約の結果、台湾、澎湖《ほうこ》島を割譲させたほか莫大な賠償金を得た、この日清戦争は、はたして「海外出兵を試みた」程度のものだったでしょうか。

放送での語りを活字にしたものだから、つい口が滑ったのではないか、と思う人があるかも知れません。

しかし、あの超大作『坂の上の雲』は主人公・秋山兄弟の軍人としての成長に合わせて日清・日露の戦争を描いたものですが、文春文庫全8巻のうち、日露戦争については第3巻の半分と第4巻以下の全巻、ページ数にしておよそ一九〇〇ページが費やされているのに対し、日清戦争については第2巻の九〇ページあまりですまされています。つまり、日清戦争については日露戦争の二〇分の一の程度で片付けられているのです。

日清戦争は、近代日本の最初の本格的対外戦争であり、その後の日本の針路を決定した大事件でしたが、作家・司馬遼太郎の認識においては、日清戦争は「海外出兵を試みた」程度のものにすぎなかったのです。

日清戦争があって、日露戦争が起こった

司馬にとって、明治の戦争といえば日露戦争をさしていました。しかしその日露戦争は、すでに繰り返し見てきたように、日清戦争と固く結びついたものでした。

日清戦争の結果、課せられた莫大な賠償金を支払うため、清国は列強から借金、それをかたに数かずの権益をむしりとられ、半植民地状態へと追い込まれていきます。それに対し、義和団の反帝国主義運動が巻き起こりますが、それがさらに外国の侵略を呼び込むことになり、とくに満州はほぼ全土がロシアの勢力下に置かれかねない情勢となります。この間、三国干渉によって日本が泣く泣く返還させられた遼東半島の旅順・大連は、日清戦二年後の九七年、ロシアが租借権を得ています。

満州を押さえ、鉄道を敷設したロシアは、朝鮮国内（竜岩浦《ヨンアムポ》）にも一歩を踏み入れてきます。

朝鮮国内の政治に対しては、ロシアは以前から一定の影響力を持っていました。清国を排除して朝鮮への支配権を固め、さらに満州をねらっていた日本と、南下して満州を押さえ、さらに朝鮮をうかがうロシア。どちらかが譲歩しない限り、両国の衝突は必然でした。そしてその「必然」はいま見たように、日清戦争後の国際関係の流れの中で形成されてきたのです。

日清戦争から義和団戦争が生み出され、義和団戦争の中から日露戦争が生み出されました。日清戦争と日露戦争は、このように分かちがたく結びついているのです。

日清・日露のこの二つの戦争の結びつきは、それぞれの講和条約の条項においても見ることができます。

一八九五年4月、下関で日清講和条約が調印されました。第Ⅲ章で紹介しましたが、再度、その第一条を紹介します（句読点をつけ、読みやすくしました）。

第一条　清国は朝鮮国の完全無欠なる独立自主の国たることを確認す。よって、その独立自主を損害する、朝鮮国より清国に対する貢献・典礼などは、将来まったくこれを廃止すべし。

それから一〇年後の一九〇五年9月、米国ポーツマスで日露講和条約が調印されます。これも再度になりますが、その第二条（第一条は形式的条項なのでこれが実質的な第一条）を紹介します。

第二条　ロシア帝国政府は、日本国が韓国において、政事上・軍事上および経済上、卓絶なる利益を有することを承認し、日本帝国が韓国において必要と認める指導、保護および監督・管理の措置をとるに当たり、それを阻害したり干渉したりしないことを約束する。

日清講和条約では、朝鮮は「完全無欠なる独立自主の国」であるとして、これまでの清国との宗属関係を否定しています。つまり、清国は今後、朝鮮に対し口も手も出してはならない、ということです。

こうして清国を朝鮮から排除した後の日露講和条約では、ロシアに対し、日本の韓国における「政事上・軍事上および経済上の卓絶なる利益」を認めさせるのです。

つまり、日清講和条約も、日露講和条約も、そのトップに、日本の朝鮮（韓国）に対する独占的支配権を認めさせる条項を置いているのです。

このことからも、日清戦争および日露戦争が何を最大の目的として戦われた戦争だったのか、明らかです。二つの戦争は、どちらも朝鮮（韓国）の支配権をめぐる戦争であり、その意味で一直線に結びついた戦争だったのです。

明治以後も突き進んだ〝帝国主義の道〟

朝鮮に対する独占的支配権を確保した日本は、朝鮮半島を自国の領土に組み入れるべく、矢継ぎ早に手を打っていきます。

すでに戦争中に締結していた日韓議定書（一九〇四年2月）、（第一次）日韓協約（〇四年8月）につづいて、〇五年11月、第二次日韓協約により韓国の外交を完全に日本の管理・指揮下におくとともに、日本政府の代表である「統監」がソウルに常駐することとし、その統監に伊藤博文が就任します。そして〇七年7月、その伊藤は韓国の李完用《イワニョン》首相との間で（第三次）日韓協約を結び、韓国の行政全般を統監の「指導」下におくとともに、日本人が主導する司法制度を新設し、あわせて韓国軍隊を解散させるのです。

こうして、完全に手足の自由を奪い、主権を剥奪した上で、一九一〇年8月、日本は韓国を「併合」、自国の領土とし、韓国国民を日本臣民（「日本臣民」は大日本帝国憲法上の日本国民の正式の称号です）としたのです。

一九一〇年は明治43年です。二年後の明治45（一九一二）年7月、明治天皇が死去、四四年間つづいた明治は終わり、年号は大正元年と代わります。

韓国「併合」によって、日本は日清戦争で得た台湾、日露戦争で得た南樺太《からふと》（サハリン）とあわせ、三つの大きな植民地を確保しました。このあと日本は、第一次世界大戦でドイツから南洋群島（ミクロネシア）を取り、満州事変で中国から満州を奪って、自国の実質的植民地としますが、南洋群島は法的には国際連盟による委任統治領でしたし、満州は傀儡《かいらい》国家ではあるにしろ「満州国」という国家を建てていましたから、完全に自国領とした植民地は、台湾、南樺太、朝鮮であり、この三大植民地はすべて明治の時代に獲得したものだったのです。

帝国主義とは、ひと言でいえば、武力にものをいわせることによって他国を支配下におき、あるいは領土を拡大、あるいは権益を獲得することです。

その意味で、明治の日本は、台湾出兵以来、まぎれもなく帝国主義の道を歩み、日清戦争、日露戦争をへて、明治末には植民地を保有する帝国主義国としての一定の完成をみたのです。このわずか四〇年で、日本は封建制の国から近代資本主義国家へと脱皮し、北方と南方、そして西方に、合わせて自国領土の四分の三ほどの広さをもつ植民地を獲得しました。帝国主義的価値観に立てば、それはたしかに「偉業」と呼ぶにふさわしい成功でした。

そして以後、大正時代に入っても、日本はこの明治期に敷かれた帝国主義の道を驀進《ばくしん》します。明治期に劣らず機敏に、つまり敏速かつ狡猾《こうかつ》に立ち回り、大きな収穫を得ていくのです。

チャンスは、大正に入ってすぐにやってきました。第一次世界大戦です。この第一次大戦への参戦について、司馬はこの本の中でこう語っています。

第一次世界大戦に日本は泥縄式に、後になって参戦しましたね。ドイツが相手です。対独宣戦していつのまにか青島などを押さえたりしてヨーロッパ人の顰蹙を買いましたが、しかし要するに、ヨーロッパの戦場に日本人は行っていない。（四二ページ。傍線は筆者）

本書を読んできた読者には、この司馬の解説は事実に即していない、つまりウソだらけだということがすぐにわかったでしょう。

一九一四（大正3）年7月28日、皇太子を暗殺されたオーストリア＝ハンガリー二重帝国は、セルビアに宣戦布告（本書一〇六ページ以下、参照）、8月1日、ドイツがロシアに、続いてフランスに宣戦、それに対し4日、英国がドイツに宣戦して、第一次大戦の戦火はたちまち全ヨーロッパに拡大します。

そのわずか三日後の同月7日、英国から日本に対し、中国・山東半島の膠州湾《こうしゅう》を根拠地とするドイツ東洋艦隊から同国の商船を守るための協力要請が舞い込みます。日本は勇み立ちました。というのも、膠州湾一帯は一八九八年にドイツが清国から租借し、軍港・商港として築いてきた黄海の要衝だったからです。湾口の青島《チンタオ》には要塞も築かれています。青島と書いても、島ではなく、湾の入り口に建設された港湾都市です。現在も山東省最大の工業都市、保養地となっています。その膠州湾・青島を基点に山東省に広がるドイツの権益を、このさい取ってしまおうと考えたからです。

その日本の意図に気付いた英国はあわてます。いや、手助けは結構です、と断わってきました。しかし日本は、この絶好のチャンスを逃すわけにはいかないと、8月23日、ドイツに宣戦布告します。そして海軍はただちに東洋艦隊撃滅をめざして太平洋を南下、陸軍は9月2日、山東半島に上陸開始、早くも7日には青島のドイツ軍要塞を占領したのでした。一方、海軍は、10月中旬にはドイツ領の南洋群島の占領を終えたのです。

第一次世界大戦の勃発にさいして、日本は決して「泥縄式に、後になって参戦」したのではありません。英国からの協力要請に、待ってましたとばかりに飛びつき、英国がしまったと思い、断わってきたのを押し切って、ドイツに宣戦布告、黄海の要衝と、広大なミクロネシアの島々を手に入れたのです。この機敏でかつ果断な動きは、ヨーロッパの先輩帝国主義諸国を十分にあわてさせたはずです。

次に、司馬が「対独宣戦していつのまにか青島などを押さえた」と語っているのも事実とは正反対です。日本は、百パーセント計算ずくでドイツに宣戦し、また作戦も、山東半島の裏側、渤《ぼっ》海《かい》側から上陸して背後から青島要塞を攻撃するなど、十分に考えて攻略にのぞんだのです。「いつのまにか」などというのどかなものではありません。

最後に、司馬は、「ヨーロッパの戦場に日本人は行っていない」と語っています。これも先に書いたように事実ではありません。

アジアにあって一方的に〝漁夫の利〟をむさぼっている日本に対して、さすがに虫がよすぎると思ったのかどうか、一九一七年2月、連合国から日本に対して、ドイツの無制限潜水艦戦からの輸送船団護衛のため、駆逐艦の派遣が要請されてきました。それに対し、同月、日本海軍は駆逐艦による特務艦隊を編成、地中海へ向かったのでした。

超人的ともいえるような該博な知識の持ち主だった司馬遼太郎が、どうしてこんな間違いを公共放送で語ったのか、不思議でなりません。

シベリア出兵・満州事変・日中全面戦争・太平洋戦争とつながる鎖

第一次世界大戦の末期、一九一八年8月から、日本はシベリアに出兵します。英・仏・米国とともに、前年11月のロシア社会主義革命で誕生したソビエト政権を挫折させようとはかった出兵でした。あわせて日本は、東シベリアに領土を拡大しようというねらいも隠し持っていました。

このシベリア出兵については、司馬遼太郎はこの本でこう語っています。

そして、ロシア革命でシベリアががら空きになったときに、シベリア出兵という、実に恥ずかしい、いかがわしいことを日本政府は行動に移しました。シベリアで兵隊たちは死に、土地の人たちに迷惑をかけた。そして、ロシア人にいまだにシベリア出兵の恨みを忘れさせない。そういうアクションをして、リアクションを考えず、やがて何をなすこともなく撤兵しました。何億円という当時の金を使って撤兵した。シベリアを取ってどういう利益があると考えていたのでしょうか。（四四ページ）

シベリア出兵の評価については、私もこの司馬の意見にまったく賛成します。じっさい、盗っ人意識まる出しの、いかがわしい出兵でした。

ただ、「シベリアを取ってどういう利益があると考えていたか」という点については、私は意見が異なります。日露戦争の結果、遼東半島と南満州鉄道の獲得によって、山県有朋のいわゆる「利益線」は満州南部まで広がっていました。ロシア国内の革命後の内戦に乗じて、この「利益線」をさらに北方かつ北西方に拡大することができれば、日本はその〝安全保障〟をより確かなものにすることができます。シベリアを取ることによる直接の利益というより、安保を優先させたこの領土拡大の衝動が、日本の軍部を駆り立てたのではないでしょうか。その「戦略」に固執していたため、一九二〇年の初めに米、英、仏軍は撤退していったのに、日本軍だけは撤退せず、ぐずぐずと居残って、それから二年半もたってやっと引き揚げはじめ、二二年10月に撤退完了したのです。

そのシベリア撤退から九年がたった一九三一年9月、関東軍は「満州事変」を引き起こします。シベリア出兵は失敗に終わったが、こんどは満州全土を取ってしまおうというねらいです。

そもそもの導因は日露戦争にありました。その「勝利」の結果、遼東半島と南満州鉄道を獲得したことです。旅順・大連を含む、およそ埼玉県ほどの租借地を、日本は「関東州」と名づけ、そこに関東軍を置きました。対ロシア・ソ連、対中国の最前線に位置する関東軍は、日本陸軍の中でもその存在感を強め、やがて「泣く子も黙る」といわれる強力な存在になっていきます。その関東軍の参謀が、勝手に謀略をめぐらし、独走して引き起こしたのが満州事変でした。

日露戦争により、関東州を手に入れ、その関東州に関東軍を置いた、その関東軍が満州事変を引き起こしたのです。まさに〝戦争の鎖〟です。

そして「関東軍の国家」である「満州国」をつくるのですが、しかし関東軍はそれだけで満足しません。満州に隣接する華北（北京を中心とする中国北部）に「第二の満州国」をつくろうと、策略をめぐらします。「華北分離工作」といいます。その工作をすすめていたさなか、盧溝橋事件が起こります。これを引き金として、もはや「華北」だけにとどまらない、中国全土への侵攻へと突き進むのです。満州事変―「満州国」建国は、こうして日中全面戦争へとつながります。

しかし、中国軍民の抗日の意志は固く、日本軍の当初のもくろみを裏切って、戦争は底なしの泥沼へと沈んでいきます。その泥沼からの脱出をめざして、日本軍は東南アジアへの進駐を決めました。その必然のなりゆきとして、日本は米・英・蘭との戦争に突入していったのです。

日本の戦争の三つの行動原理――軍事力中心主義・領土拡大主義・排外的民族主義

こうして、近代日本が戦ってきた戦争を振り返ってみると、その全体をつらぬく三つの行動原理が浮かんできます。

第一の行動原理は、軍事力中心主義です。「富国強兵」と言われた、その「強兵」です。最初の台湾出兵以来、日本は、とくに近隣諸国に対しては、武力を振りかざして対外政策をすすめてきました。そのためには、軍備を増強することが必要でした。その軍備増強の最初のバネとなったのが、日清戦争での清国からの莫大な賠償金でした。

しかしこの軍事力中心主義は、それが異常に突出すると軍部の増長と専横・跋扈《ばっこ》を生み、それが国家の破滅を招くことになります。「魔法の森」と化した昭和前期の日本がその典型となりました。

第二の行動原理は、領土拡大主義（膨張主義）です。前に述べたように、明治期に三人植民地と遼東半島を獲得し、大正期にミクロネシアと青島《チンタオ》を、そしてシベリアは失敗しましたが、昭和に入り実質植民地として満州を手に入れました。つまり、帝国主義の道は領土拡大の道でもありました。

第三の行動原理は、民族優越意識、排外的民族主義《ナショナリズム》です。「万世一系の天皇」をいただく日本は、他の国とは異質の、選ばれた「神の国」だという意識です。これは、裏を返せば他の国、他の民族への蔑視となります。中国にしろ、朝鮮にしろ、古代から日本に文化をもたらしてくれた先進国でした。江戸時代の朝鮮通信使も、貴重な文化交流の一環でした。ところが、近代に入り、台湾出兵、江華島事件をへた後、両国への見方は一変します。「チャンチャン」という蔑称を使い始めたのは日清戦争のころからだといわれます。その言い出しっぺの一人が福沢諭吉でした。

福沢は司馬遼太郎も高く評価した思想家で、この『「昭和」という国家』の中でも、「ずっしりとした市民精神を持った人」、あるいは当時の日本で「福沢ひとりがアメリカ市民みたいな人でした」と賞賛されています（一四九ページ）。

その福沢は、日清戦争の開戦に狂喜し、自ら全国で二番目の献金を拠出するとともに、自分が主筆をつとめる『時事新報』で人々を戦争へと駆り立てました。その新聞紙上で、福沢がどのような中国・朝鮮人蔑視を振りまいたか、安川寿之輔著『福沢諭吉のアジア認識』（二〇〇〇年、高文研）に列挙されています（同書一五七ページ以下）。その一部を見てみると――。

――「チャンチャン……皆殺しにするは造作もなきこと」「老大腐朽の支那国」「清兵……豚尾児、臆病」「軍隊なき軍隊……乞食流民の徒……下郎輩」「朝鮮……腐儒国……無責任無節操の軟弱男子のみ」「朝鮮……人民は牛馬豚犬に異ならず」

はじめて見る人は驚愕するかも知れませんが、すべて福沢諭吉全集にある、福沢が書き散らした文言《もんごん》です。福沢のアジア論といえば「脱亜論」が有名ですが、とくに日清戦争以後は、他民族に対するこのような野卑で品性下劣な悪罵が何の遠慮もなく吐き出されているのです。

その後、戦争を重ねるにつれて民族優越意識＝他民族への蔑視も深まっていきます。とくに昭和に入ると、学校でも日本は「神の国」と教え込むほどになりました。裏返すと、他民族は家畜以下の存在ということです。日本軍が中国や東南アジアで犯《おか》した想像を絶する蛮行は、この異常な民族優越意識を抜きにしては理解できません。

近代日本の戦争は、台湾出兵から太平洋戦争まで、以上のような三つの行動原理によってつらぬかれていました。日露戦争の勝利を区切りとして、あとはダメな日本に変わったなどというのは、司馬の「明治日本のファン」意識から生まれた思いつき以上のものではありません。

昭和の「南京大虐殺」の前には、すでに日清戦争での「旅順虐殺」（一八九四年11月）がありました。また司馬は、この『「昭和」という国家』の中で次のように書いています。

しかも、食糧についても、考えられないのですが、糧《かて》を敵に求むという方針さえありました。要するに現地で調達しろという。これは正規の軍隊の思想ではありません。中国で言うところの匪賊に近い。（二一六ページ）

この文章を、司馬は、日中戦争のところで書いているのですが、この「糧を敵に求む」という方針は、すでに日清戦争の時から定められていました。日清開戦の直前、朝鮮に出兵した混成旅団の大島旅団長あての参謀総長名による訓令にそれがあります。旅団から「物資を運ぶ輸卒を連れてきていないので補給ができず、飢餓に陥りそうだ」との訴えに対し、参謀本部は「糧《かて》は敵に因《よ》る」が原則だから、輸送のための人馬や食糧はそちらで勝手に調達せよ、と突き返しているのです（中塚明『歴史の偽造をただす』一九九七年、高文研、一八九ページ以下）。

この「現地調達」の原則から、「兵站《へいたん》」軽視が日本軍の特性となります。先に本書第V章で、対米英開戦直前に大本営政府連絡会議で決定した「南方占領地行政実施要領」の「方針」において「占領地」での「作戦軍の自活確保」を打ち出していたことを紹介しました。その「現地調達」のために「軍票」という偽造紙幣をつくり出したのです。

日清戦争での「糧は敵に因る」から太平洋戦争の「自活確保」まで、日本軍の基本原則はこのように一貫してつらぬかれていました。

近代日本の戦争は、日露戦争勝利の前と後で二つに分離されるのでなく、〝戦争の鎖〟としてリンクしながらつながっており、その〝鎖〟の最初から最後までを、三つの行動原理がつらぬいていたのです。

〝戦争の鎖〟が巻きついている憲法第九条

昭和前期の「魔法の森」から、結局日本人は自力で抜け出すことはできませんでした。原爆投下を含む国土破壊と飢餓状況の蔓延《まんえん》に、さしもの「魔法使い」たちもお手上げとなり、首都が廃墟と化した中で、やっと〝戦争の鎖〟が断ち切られたのです。

その廃墟の中、敗戦から三カ月、早くも一九四五年11月から、新憲法づくりが開始されました。「軍国日本」から「平和日本」へと生まれ変わるためです。

近代国家への一歩を踏み出してから敗戦による自滅まで七八年間、第Ⅱ章で取り上げた台湾出兵から太平洋戦争までの一〇の戦争に日中戦争中のソ連・モンゴル軍とのノモンハン事件（一九三九年）を加えれば一一回の戦争を、日本は戦いました。まさに戦争につぐ戦争の歴史です。それにより、国内外に与えた惨禍があまりにも大きかったために、新たにつくられた憲法の平和主義は前例をみない徹底したものとなりました。

第九条・第2項です。

2　前項の目的を達するため、陸海空軍その他の戦力は、これを保持しない。国の交戦権は、これを認めない。（傍線は引用者）

軍隊はいっさい持たない、と宣言しているのです。第二次大戦までは広大な植民地をもつ帝国主義国だった国が、もう軍事力は保持しない、というのです。まさに空前絶後の憲法でした。

実際は、その後の冷戦体制の下、米国の圧力によって自衛隊を持つことになりますが、この九条2項があるため、自衛隊は「普通の国の軍隊」とは異なります。私が名づけた「武力行使抑制の法体系」によってきついタガがはめられ、実体は軍隊でありながら、軍事力を行使できないのです（梅田正己『「北朝鮮の脅威」と集団的自衛権』二〇〇七年、高文研、一一八〜一五三ページ）。

だから、自衛隊を通常の「軍隊」に変えたいと願う、たとえば自民党改憲案にしろ、読売新聞の改憲案にしろ、九条1項はそのまま残しても、2項については削除しているのです。

日本国憲法に、なぜこの第2項がもうけられたのか。

憲法制定当時の日本国民の胸中に「もう戦争はごめんだ」という思いが横溢《おういつ》していたからです。だから、他国に押し付けられた憲法であるにもかかわらず、日本国民はこれを歓迎し、受け入れたのです。戦争による惨禍が徹底的だったから、戦争に対する否定も徹底していたのです。

その意味で、憲法九条には〝戦争の鎖〟が巻きついていると言えます。

若い人たちにとっては遠い昔の出来事ではありましょうが、歴史を振り返り、〝戦争の鎖〟をたどったなら、憲法九条は新たな相貌《そうぼう》をもって立ち上がってくるはずです。

終わりに

本書の第Ⅵ章で司馬遼太郎『「昭和」という国家』を素材に、「司馬史観」について検討しました。実は、もう一冊、取り上げようと思っていた本がありました。加藤陽子・東大文学部教授の『それでも、日本人は「戦争」を選んだ』(二〇〇九年、朝日出版社)です。

加藤教授は「東大で日本近現代史を教えはじめて」一五年という歴史家ですが、〇七年の年末から翌年の正月にかけ神奈川県の進学校の高校生を対象に「集中講義」を行ない、それをもとにこの本がつくられたということです(「はじめに」から)。大変な好評で、発行から二カ月で一〇万部を超えるなど歴史書としては異例のベストセラーとなりました。

紙数に限りがあり、今回は内容には踏み込めませんので、タイトル(書名)についてだけふれます。

『それでも、日本人は「戦争」を選んだ』

「それでも」という接続詞から、日本人は戦争なんかしたくなかった、いいいい、それでも、ほかに道はなかったから戦争を選んだのだ、と言っていることが読み取れます。

じっさい、表紙にも、こんなキャッチコピーが刷り込まれています。

《普通のよき日本人が、世界最高の頭脳たちが、「もう戦争しかない」と思ったのはなぜか?

高校生に語る――日本近現代史の最前線。》「世界最高の頭脳たち」とは誰のことを言っているのかわかりませんが、とにかく「もう戦争しかない」と思い、いわばやむにやまれず、日本は戦争に突入していった、というのです。

本当にそうでしょうか？　本書の第Ⅱ章で述べた台湾出兵、江華島事件以降の日本の出兵・戦争を思い出してみてください。

日本のはじめての本格的な対外戦争だった日清戦争はどうでしたか？　朝鮮から清国の影響力を排除するため、ついには朝鮮王宮に侵入、国王を「とりこ」にしてまで開戦の口実を得て清国に戦争を仕掛けていったのはどこの国でしたか？

次の義和団戦争はどうでしたか？　連合国中でも最大の兵力を派兵した日本は、「もう戦争しかない」とせっぱつまっていましたか？

日露戦争は、〝帝国主義の論理〟からすれば引くに引けない戦争だったと言えるかも知れません。しかし、それで負ければ日本がすぐに危なくなるといった戦争だったのではありません。その戦争で日本が何より求めていたのは、講和条約の第二条にあるとおり、韓国における「政事上・軍事上および経済上の卓絶なる利益」でした。そして五年後、韓国を「併合」するのです。

第一次世界大戦への「参戦」は、ドイツが持っていた山東省の権益、南洋群島を略取するための戦争、漁夫の利を得る戦争でした。加藤教授も「火事場泥棒的」という言葉を使っています。

それから満州事変。これも加藤教授自身、「関東軍参謀の謀略によって起こされたもの」と述べています。

そして日中全面戦争。加藤教授は、国民政府の外交戦略によって日本が長期戦に引きずり込まれたのだと書いていますが、そんなことはありません。日本軍は「満州国」を作って実質植民地とした後、「第二の満州国」づくりをめざして「華北分離工作」をおしすすめ、盧溝橋事件をきっかけに、緒戦で圧倒すれば国民政府はさして間をおかず屈服するとあなどって、大陸内部へと侵入していったのです。何の大義名分もありませんでした。

太平洋戦争。最後はたしかに米英との全面衝突が避けられないという状況となりました。しかし、その原因をつくっていったのは、米国を「敵」とした独・伊との三国同盟の締結にしろ、仏印への進駐にしろ、日本側の動きでした。

こう見てくると、「普通のよき日本人」が「もう戦争しかない」と思ったという、そんな追いつめられた、のっぴきならない状況から戦争に突入していったケースはなかった、と言い切れます。戦争に対して、日本は常にアクティブ（能動的）だったのです。それなのにパッシブ（受動的）だったかのように言うのは、明らかに歴史の事実に反しています。つまりウソです。

考えてみると、この加藤教授の本の書名は、田母神氏の論文のタイトルと通じています。

「日本は侵略国家であったのか」。これが「田母神論文」のタイトルでした。つまり、「日本は侵略国ではなかった」というのです。

加藤教授のほうは、それほどストレートではありません。しかし「それでも、日本人は戦争を選んだ」、つまり戦争を「選んだ」ことを肯定しているのです。

①「普通のよき日本人」が「もう戦争しかない」と思って踏み切ったのが日本の戦争であるなら、②それが侵略戦争であるはずはない。③日本がやった戦争が侵略戦争でないならば、当然、「日本は侵略国家ではなかった」ということになる。

こうして加藤教授の本のタイトルは、「田母神論文」のタイトルにつながります。

田母神氏は「論文」の最後に近くこう書いています。（傍線、引用者）

日本の場合は歴史的事実を丹念に見ていくだけでこの国が実施してきたことが素晴らしいことであることがわかる。嘘やねつ造は全く必要がない。

「歴史的事実を丹念に見て」いけば、明治から昭和二〇年までの七八年間の日本の対外政策は、軍事力を前面に立てての領土拡大主義（膨張主義）につらぬかれており、それが〝戦争の鎖〟をつくりだしたのでした。

その〝戦争の鎖〟と決別するために、日本は徹底した平和主義にもとづく新しい憲法を制定し、再出発したのでした。以後の日本は、一平方メートルの植民地も持たないけれども世界第二位の経済大国となりました。他国の兵士も、一兵たりとも殺してはいません。平和憲法を立てての再出発からすでに六〇年以上、明治から敗戦までの長さにほぼ匹敵します。この半世紀を優に超える長期間の平和、非戦こそ、世界史上誇り得ることではありませんか？

〝戦争の鎖〟の歴史をもって「この国が実施してきたことが素晴らしいことである」と主張するには、「嘘やねつ造」が必要ですが、第二次世界大戦後の平和、非戦と経済的繁栄を誇るのに「嘘やねつ造は全く必要がない」のです。

ところがどういうわけか、平和憲法下の「戦後」を評価するのでなく、〝戦争の鎖〟の「戦前」を評価したい言説が急速に目立ってきました。いまや言論界の中心部はこうした言説によって占拠されています。

どうしてこういうことになったのか、真剣に考えてみなくてはなりません。

問題点の一つは、明らかに歴史教育、とくに高校の歴史教育にあるのではないか、と私は思っています。

本文でも述べましたが、現在の歴史教科書では、田母神氏の主張に対抗できません。最近、最も採択部数の多い山川出版社の教科書を一般向けに多少読みやすくした『もういちど読む山川日本史』が出版され、同『世界史』とあわせ五〇万部を超えるベストセラーとなりました。この本を私も見てみましたが、田母神氏の第一の主張「日本は相手国の了承を得ないで一方的に軍を進めたことはない」の真偽を確かめるのに、この本はまったく無力でした。

とくに日本の場合、いや一九―二〇世紀の世界史においても、近代史をつらぬく最大のテーマは「戦争」です。なぜこうも次から次へと戦争を引き起こしていったのか、その原因と結果を把握するのが、近代史学習の最大の目的のはずです。しかし、教科書にはそういう問題意識がまるで欠落しています。したがって、この教科書をいくら読んでも、歴史の事実に即した歴史認識は形成されてこないのです。

しかしこの本はベストセラーとなりました。そこに、人々の歴史への関心の高まりがはっきりと見て取れます。その熱い関心に、歴史科学の立場から、どうこたえてゆくのか。

歴史研究者や歴史教育者のみなさんの奮起に期待するとともに、本書がそのささやかなたたき台となれば、と思っています。

二〇一〇年　五月

梅田正己

梅田正己（うめだ・まさき）

1936年、佐賀県唐津市に生まれる。書籍編集者。1972年、高文研設立、現在、同社顧問。沖縄戦・基地問題を中心とした沖縄に関する本50点を含め、安保・防衛問題、憲法問題、歴史認識問題、教育問題等の書籍を編集・出版してきた。
著書：『「市民の時代」の教育を求めて』『若い市民のためのパンセ』『「非戦の国」が崩れゆく』『変貌する自衛隊と日米同盟』『「北朝鮮の脅威」と集団的自衛権』（以上、高文研）『この国のゆくえ』（岩波ジュニア新書）など。

これだけは知っておきたい
近代日本の戦争

●二〇一〇年七月七日――――第一刷発行

著　者／梅田　正己

発行所／株式会社 高文研
東京都千代田区猿楽町二―一―八
三恵ビル（〒一〇一＝〇〇六四）
電話　03＝3295＝3415
振替　00160＝6＝18956
http://www.koubunken.co.jp

組版／株式会社WebD（ウェブ・ディー）
印刷・製本／精文堂印刷株式会社

★万一、乱丁・落丁があったときは、送料当方負担でお取りかえいたします。

ISBN978-4-87498-445-1　C0021